安心して在宅避難するための

おうち防災
アイデア

Misa

はじめに

地震や台風などの
災害を不安に思いながらも、
何から備えたらいいのかわからない……
というかたは多いことと思います。
私も、２０１８年の
大阪府北部地震を体験するまで
同じように感じていました。

その後、防災士の資格を取るなど
勉強を重ねる中で気づいたのは、
防災は「いざというときに身を守るための
準備」であると同時に、じつは
「災害時でも、ふだんに近い暮らしを
するための準備」でもあるということ。
だからこそ、ふだんの暮らしの中で
ほんの少し意識をするだけで、

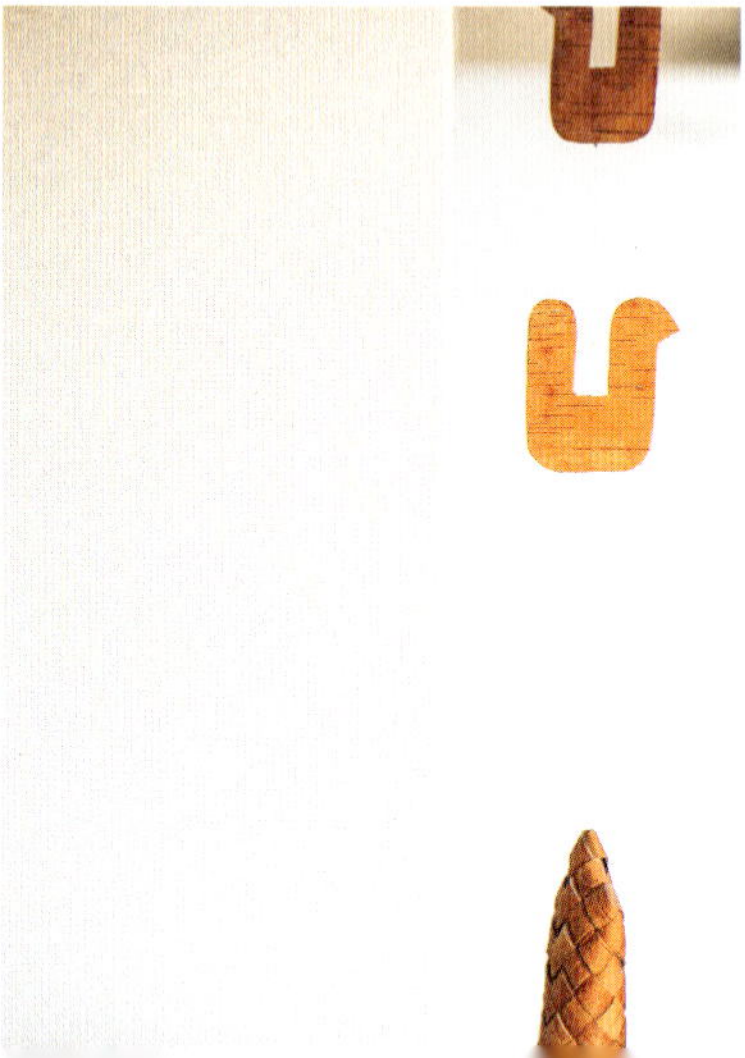

「わが家の備え」につながるのです。

そして、備えは続けていくことが大事。
そのためには、無理があってはいけません。
見た目が好きではないものは
やっぱり部屋には置きたくないし、
何もない殺風景な部屋もいやだなあ、と
インテリア好きとしては思うわけです。

いざというときの安心と、
ふだんの心地よさと。
どちらもかなえて、毎日をのびのび
すこやかに過ごしたい。

そんなふうに「備える」ヒントを、
この本で見つけていただけたら幸いです。

目次

※本書に掲載している情報は2024年12月20日時点のものです。掲載商品は著者の私物です（一部食品を除く）。現在、同じ商品が販売されていない場合もあるので、ご了承ください。

※★マークの商品はメーカーにて販売終了したものです。ご了承ください。

第1章

ふだんの生活で備えたいこと

家で、外出先で、避難先で。
災害に見舞われたときに支えになる、
ふだんからの備えをまとめました。
これらを参考に「わが家にとって必要な備え」を
見直してみてください。

いつものバッグに
ポーチを

「防災」というとなんだか特別なことに聞こえますが、その大部分はふだんの暮らしの延長です。というのも、人は災害が起きたときでも、食べて、寝て、トイレに行く。だから、「非日常的な環境で、日常に近い営みを続けるには（それも、なるべくストレスを感じずに！）どんな備えをしておけばいい？」と考えることこそ、防災の第一歩なのです。

私が暮らしと防災について真剣に考えるようになったきっかけは、２０１８年に起こった大阪府北部地震。それまでは、できるだけモノを持たずにすっきり暮らすことを心がけていたので、家にはトイレットペーパーも水も最低限のストックしかありませんでした。ところが、いざ災害に見舞われてみると、欲しいものが欲しいときに手に入るとはかぎらない。備えの大切さを痛感しました。

わずか300g！

軽くてコンパクト。そのうえで機能的な中身を厳選している。10点以上入れても300gの軽さ。

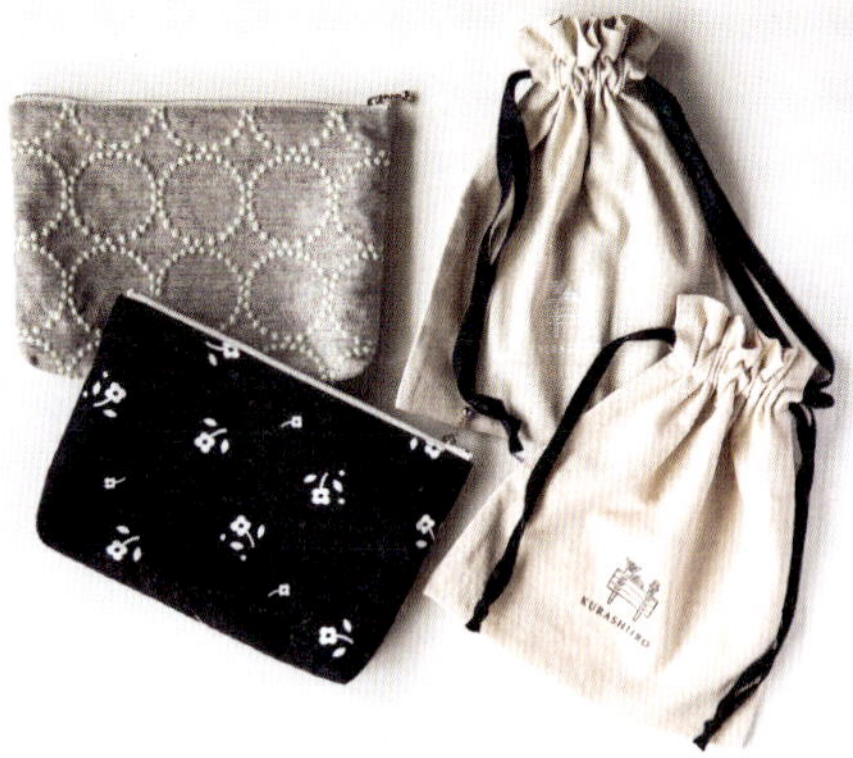

使いやすい形を選んで

きんちゃくタイプなら、握力が弱い子どもやお年寄りなど、ファスナーが使いにくい人でもスムーズに開閉できる。

それからの私は、防災士の資格を取り、防災グッズをあれこれ試し、失敗もしながら「暮らしの中の備え」を考えてきました。そしてわかったのは、備えは自分の暮らしに合うやり方でないと続かない、ということ。大切なのは、無理なく暮らしになじむアイデアなのです。

例えば、防災ポーチ。外出先で災害に遭ったときに役立つグッズをまとめたもので、私はいつもバッグに入れています。もともと荷物を少なくしたいタイプで、重さがストレスになると続かないため、中身を最小限にしぼることは必須。検討を重ねて厳選した防災グッズは、P12〜13の写真のとおりです。

携帯電話が使えないとき用の連絡先メモや小銭のほか、非常用トイレやブランケットも入れています。これらは、身近で実

いつものバッグにポーチを

現在愛用中のポーチは縦15×横20×まち3cm。バッグに入れてもじゃまにならず、必要なときに見つけやすいサイズ。

際にあったトラブル事例を踏まえ、「電車やエレベーターに閉じこめられたときに必要なもの」を想定して選びました。ポーチは作ったらそれで終わりではなく、何かが起こればそれを機にアップデートしています。

一方で、ポーチ自体を選ぶ基準はおしゃれ優先。いくら必要なものが入っていても、持っていて心地いいデザインでなければ続かないからです。「自分が好きなデザイン」という視点は、防災において意外と重要ではと思っています。

ふだん使いのバッグには、このポーチのほか、飲料水と、携帯電話を充電するためのモバイルバッテリーも入れています。この3点セットがあれば、外出先で何かあったときもひとまず安心といえそうです。

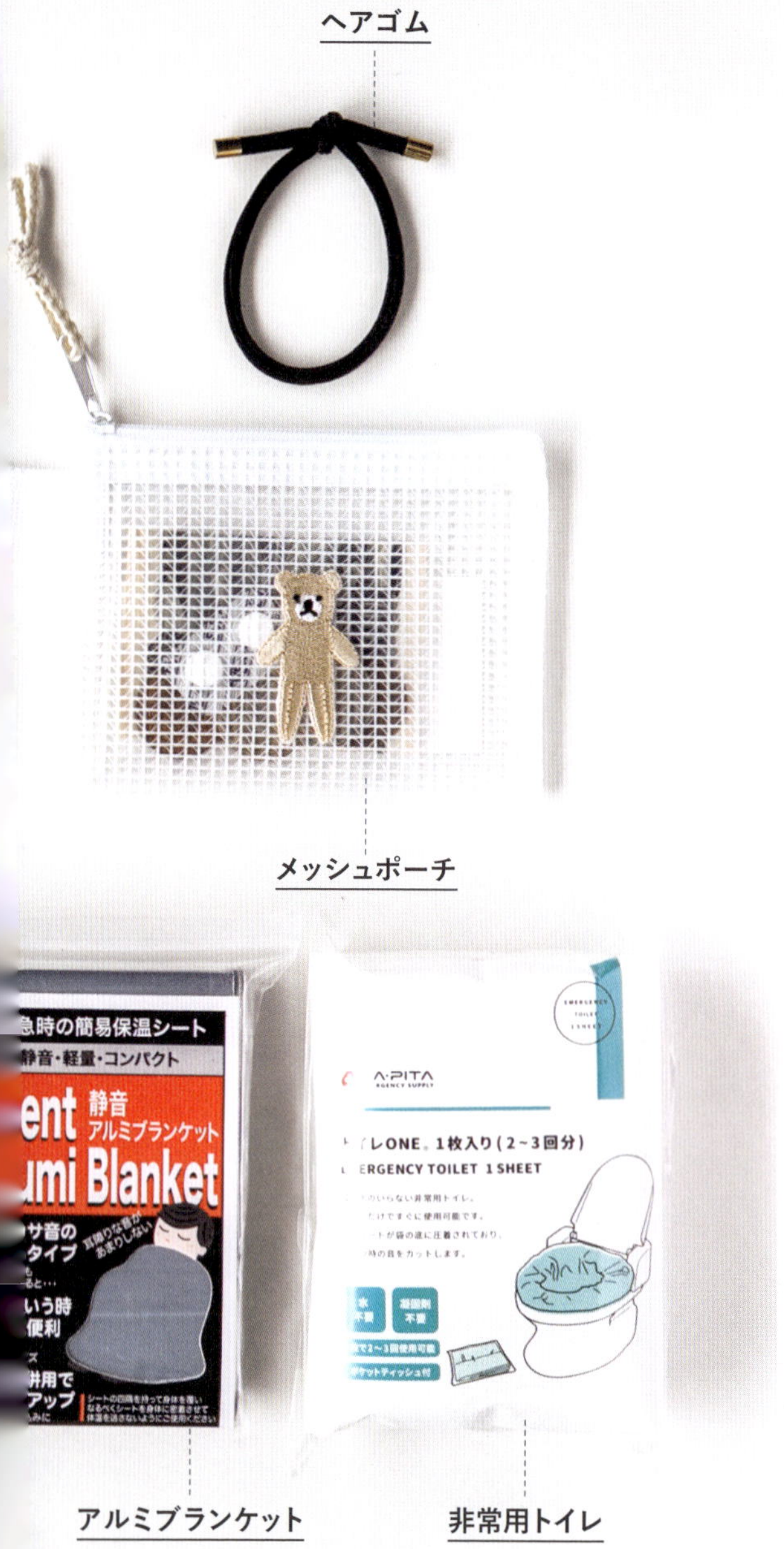

いつもポーチに入れているもの

ヘアゴム：髪をまとめるだけでなく、袋の口を留めたり、モノを束ねるときにも。

メッシュポーチ：100円ショップで入手したもの。現金（十円玉、百円玉、千円札）、常備薬、ばんそうこうを入れて。

ウェットティッシュ：消毒アルコールタイプ。手が洗えないときに重宝。スコッティ ウェットティシュー 消毒 10枚／日本製紙クレシア

連絡先メモ：大切な人の電話番号。携帯頼みで覚えていないことが多いので、メモは大切。クリアケースに入れて水ぬれや汚れ、破れを防止。

防臭袋：非常用トイレを使ったときはこの中に入れる。写真はクラシイロオリジナルパッケージで、オーダーしたもの（クリロン化成「BOS」のLサイズ）。→P101

非常用トイレ：凝固剤不要のタイプは凝固剤をふりかける手間がなく便利。トイレ ONE® ／ LA・PITA

アルミブランケット：薄くても保温力はばっちり。静音タイプならまわりを気にせずに使える。静音アルミブランケット6813／エピオス

LED ライト：キーホルダー型で単4電池使用タイプ。ボタン電池より入手しやすい。LED キーチェーンライト GK-001S ／ジェントス

救助笛：助けを呼ぶときに。ふたつきタイプが衛生的。ツインウェーブ／コクヨ

ポーチ：Misa さん考案のポーチ。軽量で持ち運びしやすい。お守り防災ポーチ／クラシイロ

いつものバッグにポーチを

連絡先はアナログで

いざというとき頼りになるのは、アナログな連絡先メモ。クリアケースに入れて水ぬれや汚れを防止。

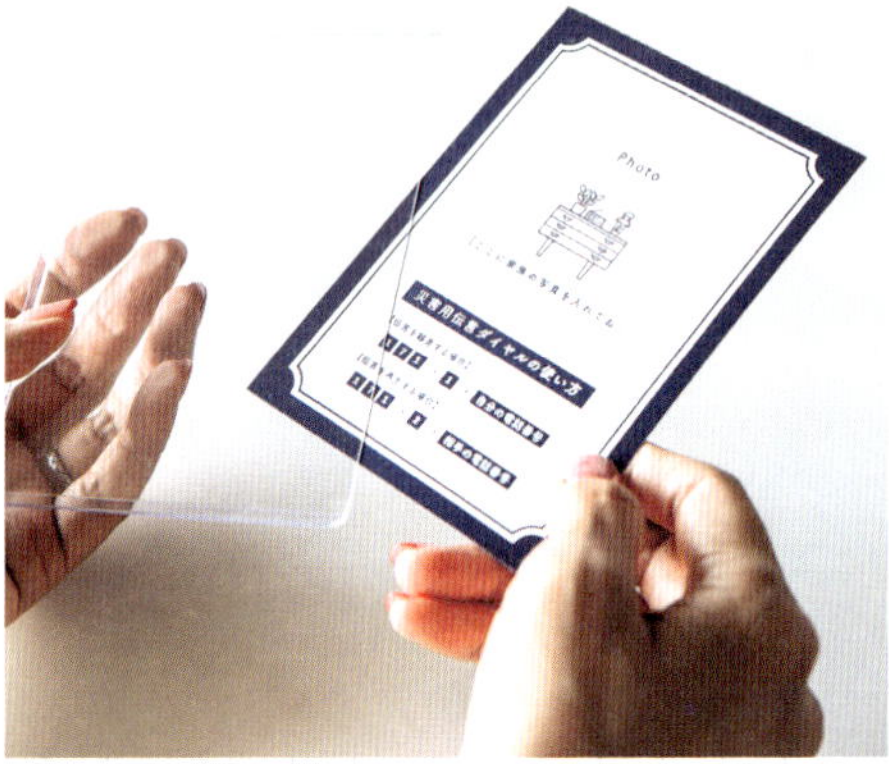

現金はどんなときに必要？

災害時には、公衆電話をかける必要が生じることも。また、クレジットカード、電子マネー、バーコード決済などが使えなくなる可能性があるので、多少の現金は用意しておきたい。

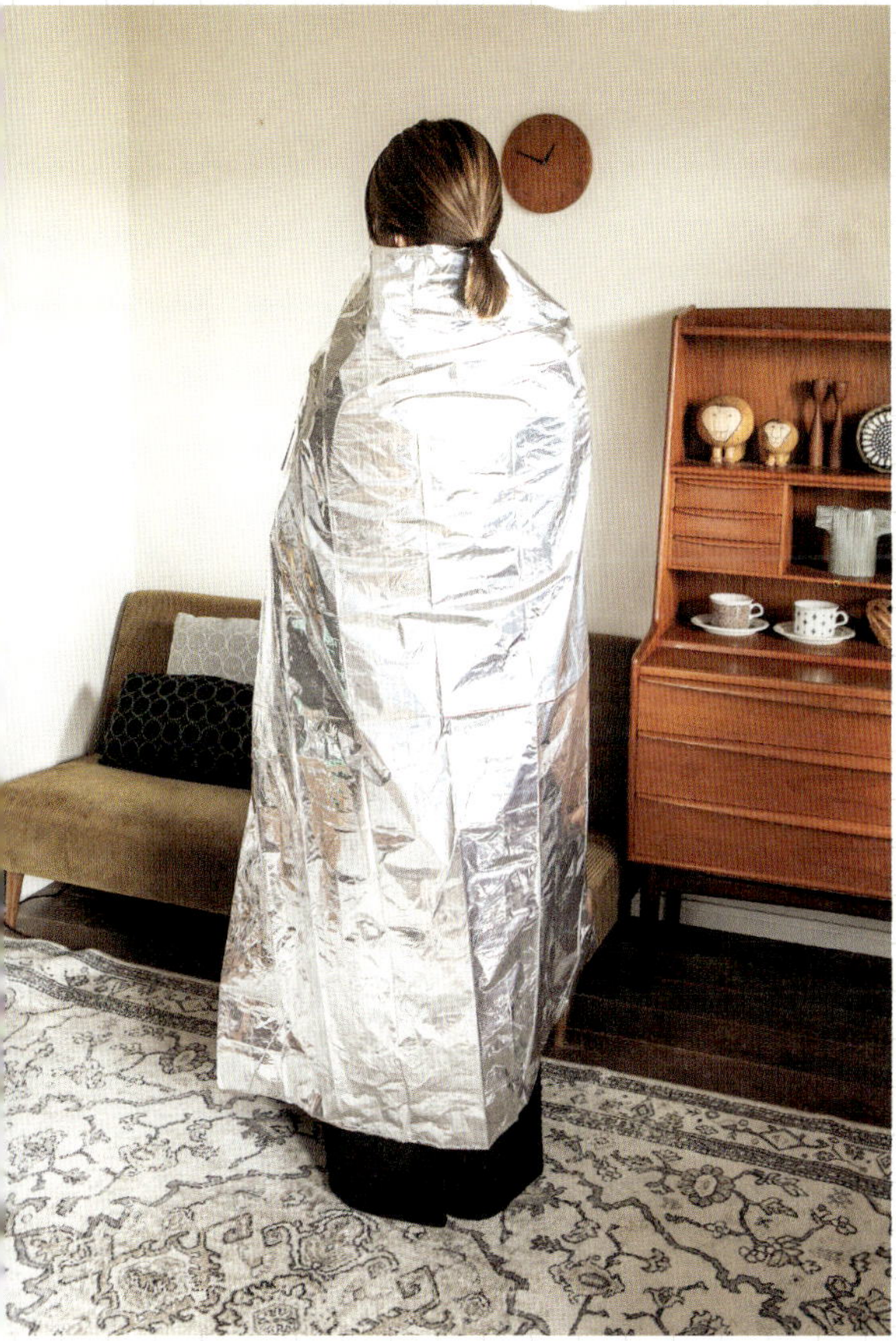

寒さから身を守る

アルミブランケットを広げるとこんな感じ。大人の女性がすっぽり包まれるぐらいの大きさがある。

SOSを知らせる笛

万一閉じ込められても、笛があれば「ここにいます」と周囲に知らせることができる。

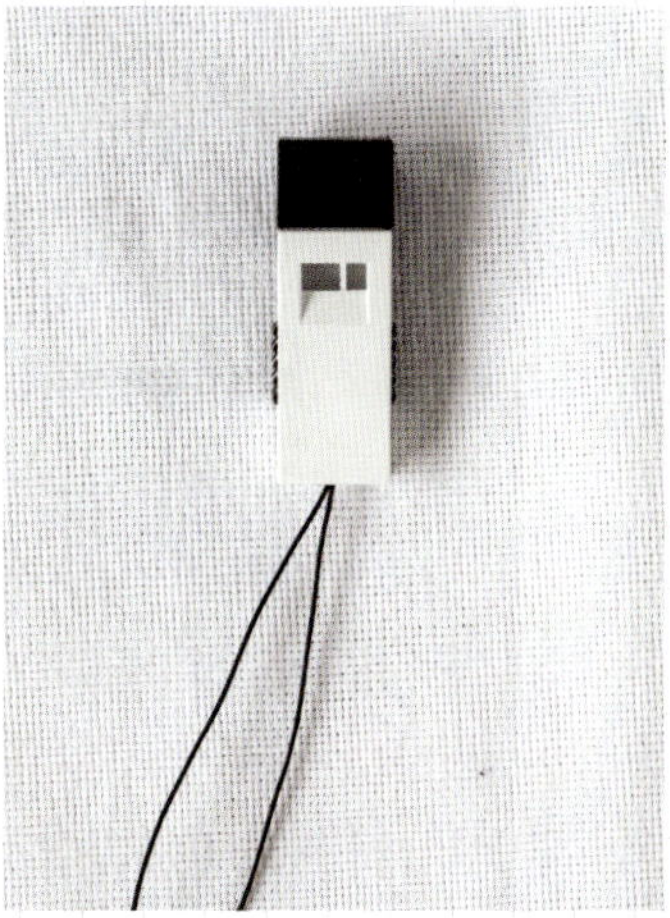

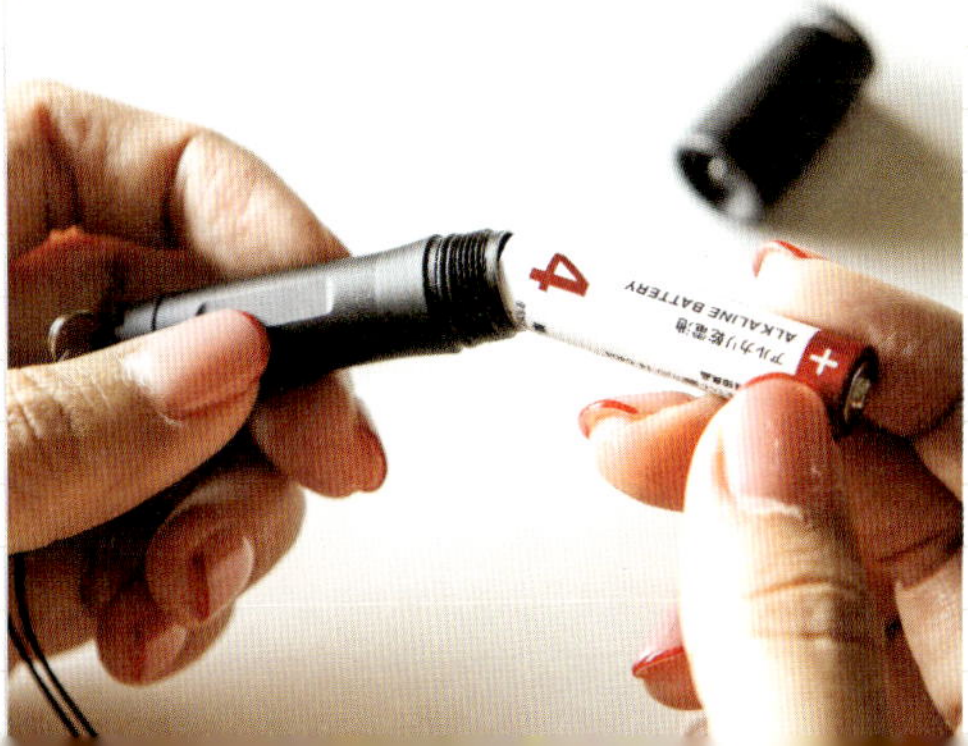

乾電池が使えるものに

ライトは、電池の入手しやすさを重視して単4電池使用タイプをチョイス。電池切れ→放置、を防ぐ。

防災リュックは「わが家仕様」で

かつての私にとって防災リュックといえば、あらかじめ中身がセットされている既製品を買うイメージ。どれがいいのかわからず、買えないままに過ごしていました。

でも、防災について考えるようになってから、防災リュックは中身を選んで自分で作るものになりました。というのも、必要な持ち出し品は、住んでいる地域の災害リスクや家族構成などによって変わります。わが家のニーズに合った備えで、いざというとき、しっかり使いこなせるようにしたいものです。

marimekko

防災用品の近くに収納

リビングから玄関へ向かう廊下の一角、防災グッズを集めたコーナーにリュックも収納している。

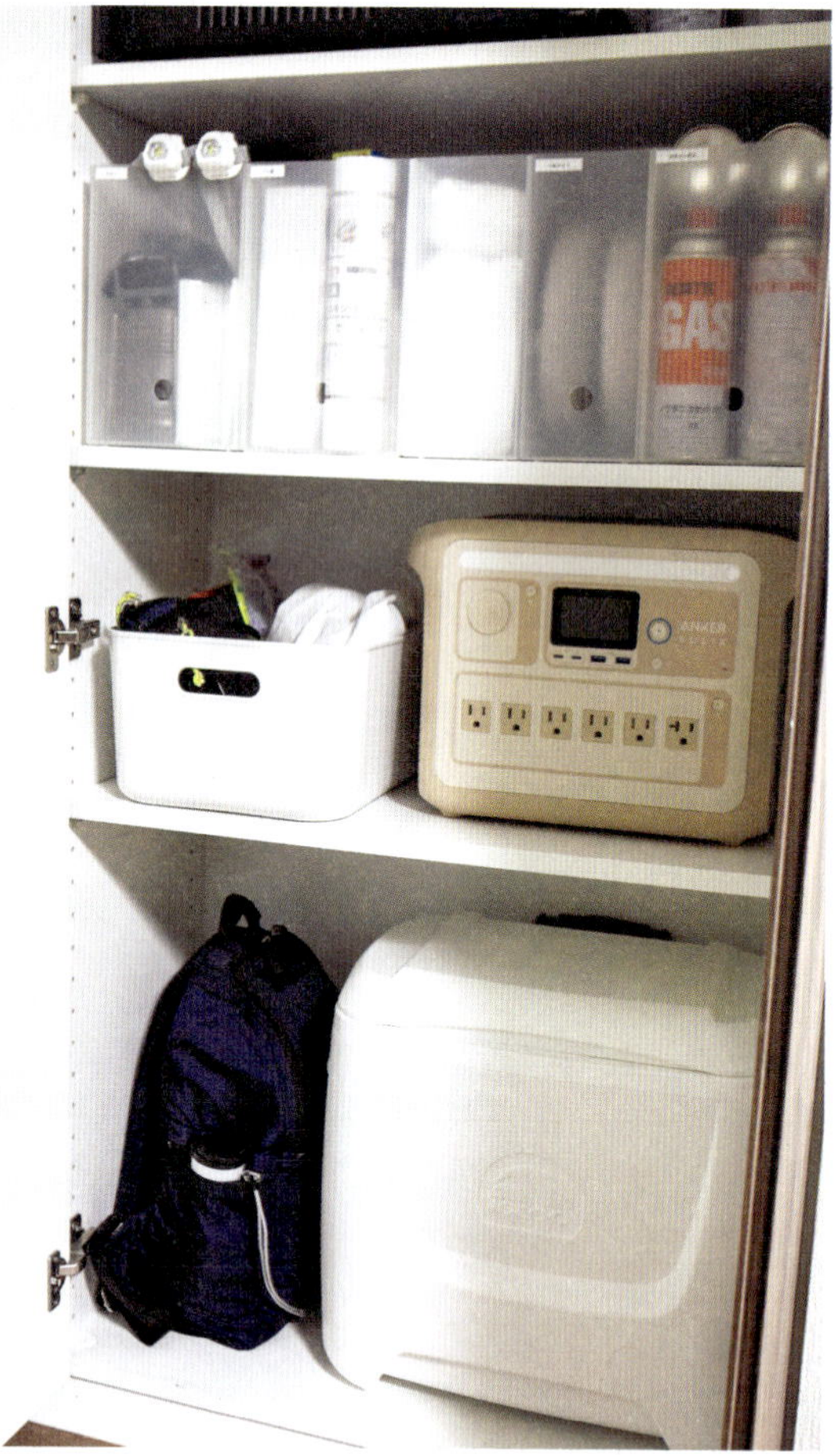

こうしたことを踏まえ、試行錯誤を重ねて作った防災リュックはP19～23の写真のとおりです。中身をざっくり分類すると、水、現金、情報など生命や生活の基盤にかかわるもの、ライトなど安全を守るもの、そしてマスクなど健康を保つもの。細かいものは用途別にまとめて、中身が見えるメッシュポーチに入れています。

わが家は基本的には在宅避難を想定しているので、これは、急いで避難する必要が生じたときの「一次持ち出し品」。避難所で1日をなんとか過ごせるくらいの、厳選した内容です。さらに備えるなら、家の様子を見に戻れるようになったときに持ち出す「二次持ち出し品」も考えておくと安心かもしれません。

あれもこれもと入れたくなりますが、荷物を厳選するのは現

重いものは上に入れ、重心を背中側に

タオルは下で水は上など、重心が上にくるように入れるとラクに背負える。ライトやモバイルバッテリーはすぐ出せるようポケットに。リュックはマリメッコの「メトロ」というやや小ぶりなタイプ。

実的な理由からです。いつもと違う状況で、しかも子どもを連れて避難するには、動きやすさはかなり重要。無理なく背負える重さにしておかないと、せっかくのリュックも置いて逃げることになりかねません。女性バックパッカーの荷物が10kg前後と聞き、5kgを目安に決めました。

リュックは、最近出番が少なくなっていたマザーズバッグを活用。扱い慣れていて、モノの出し入れがスムーズにできるうえ、持ったときに気持ちがホッと落ち着くのもいいところです。

必要充分なものだけを詰めた「わが家仕様」の防災リュック。皆さんも、ぜひ作ってみてください。

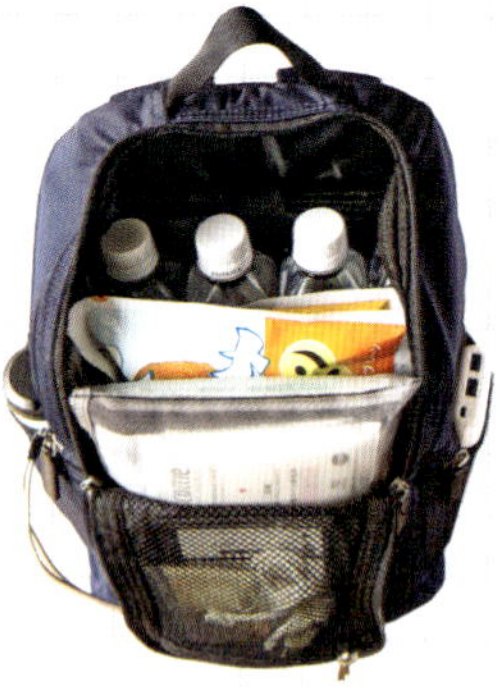

リュックには、最低限必要なものだけを

連絡先メモ

携帯電話が使えなくなったときのために、家族の連絡先や避難場所、災害用伝言ダイヤル（171）の使い方などを記載。

LEDライト

ラジオとサイレンつきの多機能タイプ。手回しで充電もできる。

モバイルバッテリー

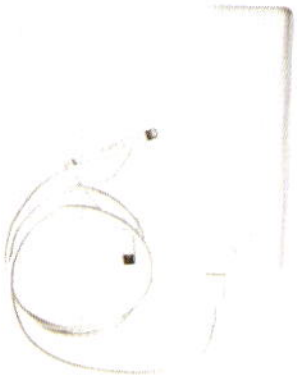

大容量で急速充電できるタイプ。ケーブルも急速充電対応のもの。写真の製品は現在は販売終了。現行品はAnker Power Bank（20000mAh、30W）／アンカー・ジャパン

石けん
（ポーチ入り）

香りに癒やされる。もちろん使ってもOK。

メガネ

ふだんコンタクトレンズを使用している人は必須。

現金

停電でATMや電子決済が使えないときのために。公衆電話用の十円玉、百円玉はぜひ用意して。

ミニバスタオル

体を拭くなど本来の役割だけでなく、ふとん代わりに敷いたり、かけたり。枕にもなる。

パン

長期保存できるタイプ。2袋入れている。ひだまりパン／尾西食品

水

家族の人数分のペットボトル。310mℓなら重くなりすぎない。

ポケットティッシュ

水に流せるタイプ。

ドライシャンプー

髪が洗えないときに。ダイアン パーフェクトビューティー ドライシャンプー 無香料95g／ネイチャーラボ

口腔ケアシート

歯磨きができないときに口の中の汚れを拭き取る。オーラルプラス 口腔ケアウエッティー（スッキリタイプ）60枚／アサヒグループホールディングス

ポーチ③

衛生グッズ

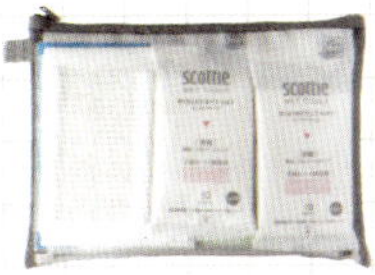

→P23

ポーチ②

けが&寒さを防ぐグッズ

→P22

ポーチ①

文房具

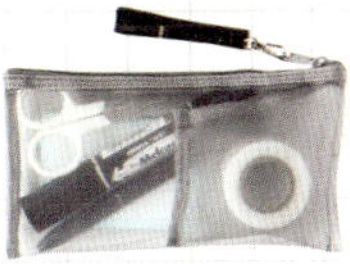

→P22

ポーチ①　文房具

アナログな文房具はなにかと便利。

ミニ養生テープ：貼るだけでなくメモ代わりにも。
はさみ：携帯用。パッケージを開けたり紙を切ったり。
油性ペン：ぬれても消えないので、持ち物に記名したり重要事項をメモするときに。
ボールペン：メモをとったり、子どものお絵かきにも。
LEDライト：電池が入手しやすい単4電池使用タイプ。
→ P12

ポーチ②　けが&寒さを防ぐグッズ

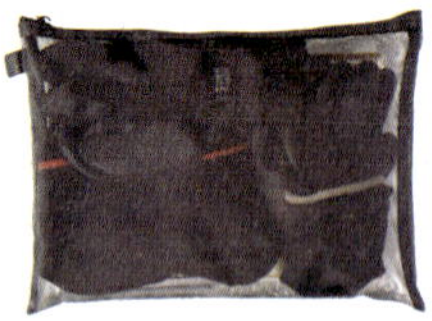

体を守るためのグッズをまとめておく。

軍手：壊れたものにさわることもあるので防刃タイプで手を守る。すべり止めつきが○。子ども用含め、家族の人数分を用意。
アルミブランケット：薄手ながら体を包んでしっかり保温する。静音タイプが使いやすい。アルミブランケット→ P12
使い捨てカイロ：寒い時期は必需品。

ポーチ③　衛生グッズ

体を清潔に保ち、感染症などの予防にも役立つ。

常備薬

のみ慣れている薬があると安心。

ウェットティッシュ

アルコールタイプ。手が洗えないときに。ウェットティッシュ→P12

綿棒

抗菌タイプ。傷口をケアするときにも使える。

マスク

不織布タイプ。大人用、子ども用とも多めに用意。

ばんそうこう

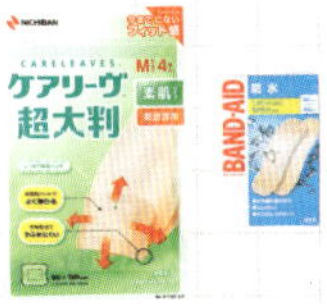

通常タイプと大判タイプ。使い慣れたものを。

防臭袋

非常用トイレを使った後はこの中に入れる。防臭袋→P12

非常用トイレ

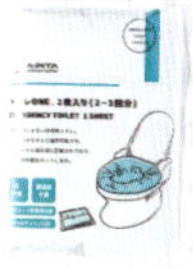

凝固剤不要タイプが手間がなく使いやすい。非常用トイレ→P12

折り紙

子どもの遊び道具だけでなくメモ代わりにもなる。

手つきポリ袋

かばんの代わりにも使えて便利。

半透明の厚手ゴミ袋

ふだんキッチンで使うより丈夫な厚手タイプ。レインコート代わりにもなる。

黒いゴミ袋

他人の目に触れさせたくないものを入れる。かぶって着替えることもできる。

防災リュックの「2軍」もおすすめ

防災リュックだけでは不安という人は、「2軍」を作っておきましょう。急いで避難するときではなく、避難所から一時帰宅できるようになったときに持ち出すものを集めたバッグです。

わが家では2軍は常備していませんが、何を持ち出すかのシミュレーションはしています。危険から逃れてホッとしたときに欲しくなるのは、「あると快適なもの」。たとえば着替え、タオル、ウェットティッシュなど体をさっぱりさせるものや、お菓子、カードゲームなど気持ちをなごませるものが考えられます。水やティッシュペーパーなど、1軍のリュックに入れている必需品も補充したいはず。

2軍は急いで持ち出す必要がないので、入れ物は大きめのスポーツバッグを想定しています。緊急時にはやや頼りない紙袋も、一時帰宅時なら活用できそう。バッグは人で分けずに、家族みんなのものをまとめるのがおすすめ。このほうが入れ忘れがなく、管理もラクです。

「あるといいもの」をまとめておく

2軍バッグの中身。着替え（ルームウェア、下着）、フェイスタオル、水（310mℓペットボトル）は家族の人数分を用意。ウェットティッシュ、ティッシュペーパー（箱入り）、長期保存用パン、お菓子。着替えは手つきポリ袋に入れておくと、袋も役に立つ。紙袋も使えば、さらにたくさん持ち出せる。

頼りになるアウトドアグッズ

災害時になにかと役立つアウトドアグッズ。キャリーワゴンはその筆頭で、荷物を運んだり、給水所から水を運ぶときにも使える。アウトドアワゴン（レッド）／コールマン

バッグだけでなく紙袋も活用

子どもが修学旅行で使ったスポーツバッグが、わが家の「2軍」。紙袋は丈夫なものを。

子どもには子どもの備え

子どもたちが小学生になったころから備えているのが「防災サコッシュ」。防災リュックは小さい子には扱いにくいので、無理なく身につけられるものをと考えました。

入れるものは親が決めて与えるのではなく、子どもといっしょに検討。災害が起きたらどうすればいいか、そのとき何が必要か、などの具体的な話をすることで、子どもが防災について考えるきっかけにもなります。

こうして作ったサコッシュは、家族での外出や旅行など、ふだんから持たせるようにしています。使い慣れておけば、いざ必要なときにも安心ですし、なじんでおくことで「怖いときに使うもの」というイメージもなくなります。

収納場所は、防災リュックと同じ廊下の収納。食べ慣れたお菓子もここに常備しておき、パッとまとめて持ち出せるようにしています。

サコッシュなら、ふだんから身につけやすい

アウトドアグッズなので耐久面でも安心。サコッシュ WT-380-0082／ WILD THINGS（ジェイケイブイ・ジャパン）

子どもには子どもの備え

サコッシュにメッシュポーチをイン。その中にマスク、ばんそうこう、手つきポリ袋、連絡先メモ、健康保険証（マイナ保険証の場合、災害時の特別措置あり）と母子手帳のコピーを収納。ポーチにはホイッスルをつけて。ほかに、のどあめ、使い捨てカイロ、ポケットティッシュ、ハンカチ。小さなメッシュポーチには現金（小銭含む）と交通系ICカードを入れ、ひもでサコッシュにつないでいる。LEDライト、時計はサコッシュにぶら下げて。小さくても充実の内容。

防災リュックの近くに、お菓子とまとめて収納している。

コラム 1

子どもたちに伝える防災

2024年4月、石川県で開催した「暮らしと備えの相談室」に、初めて小学生のお子さんが2名参加してくれました。元日の能登半島地震で大きな揺れを経験し、「地震が怖かったから学びたい」という気持ちで受講してくれたのです。

怖かった経験を学びに変えることは、とても価値があります。そうすれば怖がり損にはなりませんから。そんな頼もしい子どもたちを前に、気持ちが引き締まりました。

防災に興味を持ってくれる子どもたちに伝えたいことは、まずは毎日の暮らし中でできることから。自分の寝室の見取り図を描き、寝ている位置や家具の配置、ドアの位置を確認し、もし大きな地震が起きたらどんな危険があるのかを考えてもらいます。部屋を片づけて安全な状態にしておくことが、すぐできる防災だと気づいて、暮らしの中で少しでも意識を継続できたらいいなと思います。

この先も、私たちが暮らす日本ではいつかまた大きな地震が起きるでしょう。いつどこで、という予測はできません。予測ができないから、完璧に準備することも正直むずかしいのです。それでも、日ごろから防災について少しでも考えておくことで、もしものときの最初の一歩の行動が変わるはずです。

モノの備えももちろん大切ですが、同じくらい情報や知識の備えも役に立ちます。見通しがつくことで自分の心が落ち着いたり、誤った情報に惑わされるリスクも回避できるでしょう。そのためには日ごろから、子どもたちとは「こんなときはどうするか」という話をするのがおすすめです。

ふだんの暮らしはもちろんですが、家族旅行で遠くへ行くときは、いっしょに宿泊先のハザードマップを確認するのもいいでしょう。怖がるために確認するのではなく、〈もしものときはここにいれば安心〉という場所を確認するために、です。

知らない土地に泊まるときは調べる、ということが習慣になれば、それだけでも立派な防災対策になります。自分で自分の身を守るためにできること、子どもたちにもできることをこれからも伝えていきたいです。

ペットの備えも大切

いざというときの備えが必要なのは、人間だけではありません。わが家には愛犬の「くるみ」がいるので、彼女のための準備も必要です。

ペットシートはいつも多めにストック。使うたびに替えなくてすむよう、厚みがしっかりあるものを選んでいます。エサはくるみが好きなものを、やはり多めにストックしています。

くるみ自身の準備も欠かせません。避難時はキャリーケースを使う可能性が高いので、ふだんから慣らしておくことが大切です。そこでYouTubeなどでトレーニング法を調べて、ケースに入ったらほめるを繰り返した結果、今ではケースの中でくつろげるようになりました。

くるみも大切な家族。いざというときにストレスがたまらないよう、できるだけの準備をしてあげたいと思っています。

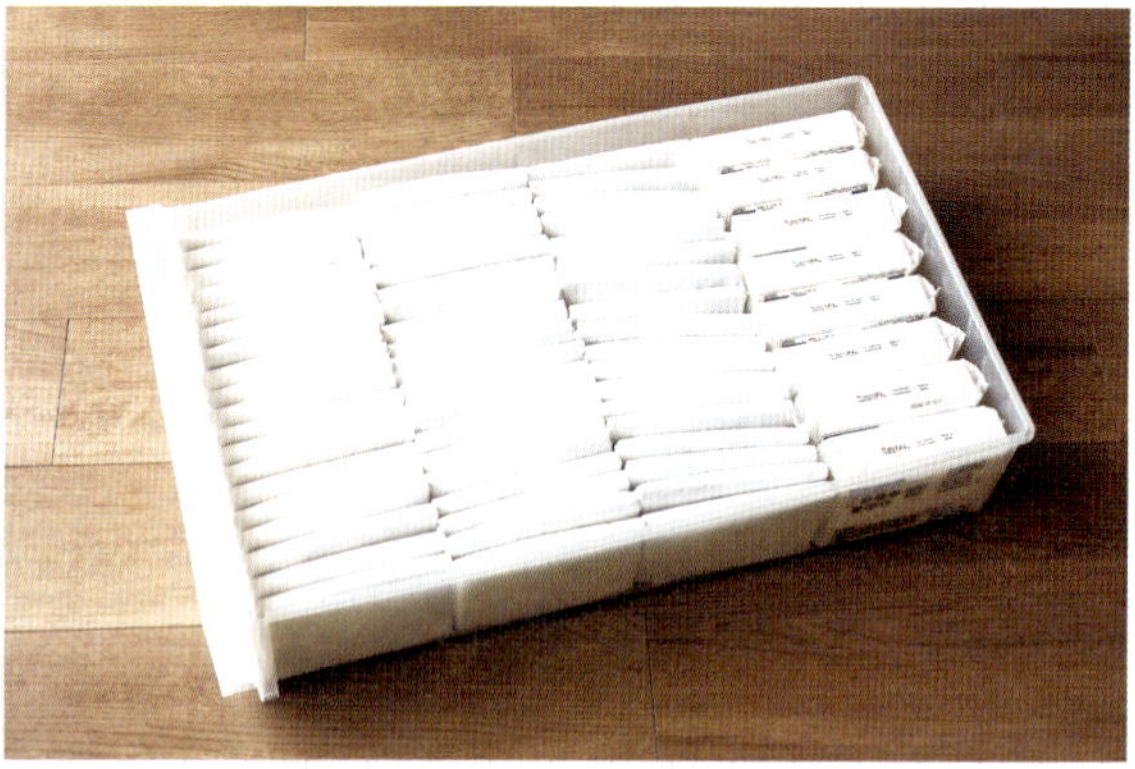

ペットシートはたっぷり備蓄

衣装ケース1段分をローリングストック。押し入れに収納している。

食べ慣れたものを多めに備蓄

ふだんとは違う状況でも食欲が落ちないよう、食べ慣れたエサを備えておきたい。

旅行などにもキャリーケースを使って、楽しい印象をインプットすることも効果的。
病院に行くときのバッグとはわけている。

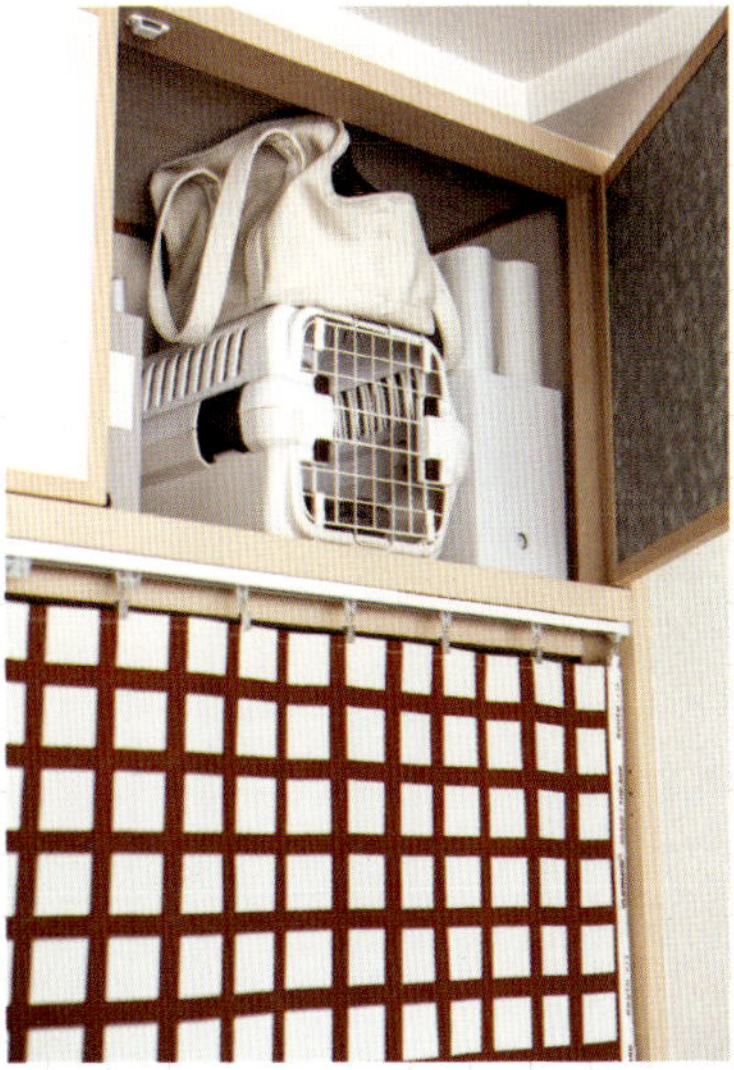

キャリーケースに慣らしておく

キャリーケースはすぐ取り出せるよう、押し入れの天袋に。

肌と体を快適に保つために

災害が起きてすぐの危機は脱したものの、ライフラインが復旧するまでには時間がかかることがあります。入浴や洗顔、衣類の洗濯などがむずかしいときは、スキンケアや下着に工夫を凝らして快適に過ごしましょう。

たとえば、汗拭きシートは大判のものなら顔も含めて全身を拭けますし、ドライシャンプーやボディスプレーは肌がすっきりするだけでなく、好みの香りを選べば気分がほぐれます。下着を洗えないときは、生理用品を活用すれば清潔を保つことができそうです。

複数の機能を持つアイテムも重宝します。一品で化粧水やクリームなどの役目を果たすオールインワンスキンケアや、ほおや唇などいろいろなところに使用できるワセリン、カップつきインナーもあると安心。

これらは特別なときのために備えておくのではなく、ふだんから使い慣れておきたいもの。より使いごこちがよさそうなものを見つけたら、試してアップデートするように心がけています。

ふだんの生活で使ってみる

いつものスキンケアといっしょに、洗面台の棚の上段に収納。必要なとき、探さずサッと手にとれる。

ドライシャンプーは、災害時だけでなく暑い季節やジムに行くときなどにも便利。

オールインワンのスキンケアは、忙しくてケアに時間をかけられない日にも重宝。

ドライシャンプー

頭皮の汚れやにおいをすっきりケアするだけでなく、スタイリングを復活させる効果もあるドライシャンプー。無香料タイプ（写真）のほか、香りつきのタイプもある。→ P21

体拭きシート

大判でロングタイプなので、1枚で体じゅう拭けるうえ背中にも届く。桃の葉エキス、ヒアルロン酸配合で、ノンアルコール、パラベンフリー、無香料と肌にやさしいところも◯。大判からだふき（2024年11月現在※）／アイリスオーヤマ

ワセリン

無香料、無着色、防腐剤不使用でデリケートな肌にも使いやすい。柔らかい質感で、肌の上でよくのびる。マッサージオイルのように使うこともできる。ベビーワセリン／健栄製薬

オールインワンのスキンケア

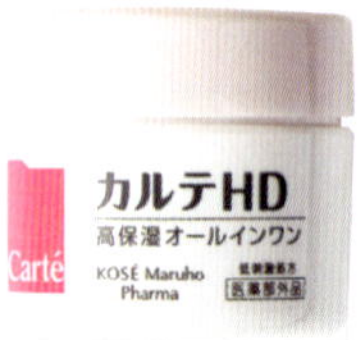

化粧水、美容液、乳液、クリームの働きを兼ね備えたゲル。うるおいが続き、みずみずしい感触で使いやすい。写真はミニボトル。カルテHD モイスチュア インストール 20g［医薬部外品］／コーセー マルホ ファーマ

※パッケージ変更の可能性あり

ヘッドマッサージャー

頭皮のツボを心地よく刺激するマッサージブラシ。疲れているなと感じたら、いつでも使ってリラックス。写真はやさしい刺激のベーシックタイプ。リラクシングマッサージブラシ／エトヴォス

ボディスプレー

柑橘系のさわやかな香りとメントールの清涼感が感じられるミストで、暑い季節のボディケアにぴったり。保湿成分が含まれているところもうれしい。アイスミント ボディミスト／ SHIRO

カップつきインナー

一枚で着ても安心感があり、洗濯物も減らせるカップつきインナー。タンクトップのほか、半そで、長そでなどデザイン違いもそろえておきたい。

おりものシート

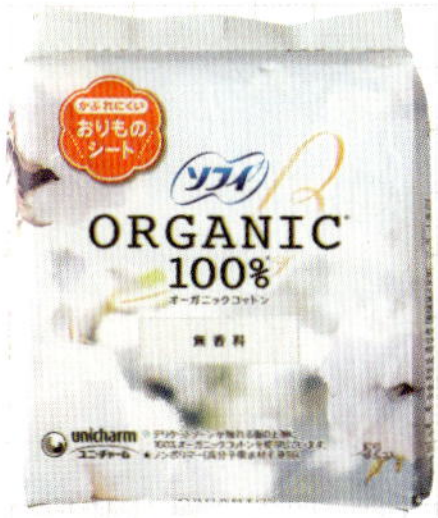

下着を洗濯できないときに重宝。取り替えるだけで気持ちよく過ごせる。オーガニックコットン使用で、肌当たりにも安心感が。ソフィ おりものシート オーガニックコットン 無香料／ユニ・チャーム

コラム ②

暮らしと防災を伝える活動

2022年から日本各地で「暮らしと備えの相談室」という防災講座を開催しています。これまでに、札幌、仙台、東京、名古屋、石川、大阪、京都、和歌山、広島、香川、福岡を訪れ、そこで暮らす人々の防災意識や体験談などをたくさん聞かせていただきました。

参加してくださったかたのなかには、津波から命からがら逃れ、避難所で身を寄せ合って夜を明かした人や、豪雨により自宅の1階が浸水した経験をされたかたもいらっしゃいました。ところが、「あのときはあんなに怖い思いをしたのに、いざふだんの自分の暮らしに戻ると防災対策ができません」とおっしゃるかたがとても多いのが印象的でした。

私は、防災対策とは「災害が起こったときに命を守り、困りごとを少しでも減らすための準備」だと考えています。それは住まいの環境や災害の種類、どんな暮らしをしているかによっても違ってきます。ご自身の性格によっても差があるでしょう。つまり、自分に合う防災を考えるには、自分の暮らしと向き合う必要があるということです。

防災をなかなかできないというかたは、自分の暮らしに合わせて考えるのがむずかしいのかなと思います。地震や豪雨のとき、自宅周辺がどのような状態になるのか想像できないと、対策の方法もわかりませんよね。

そのため、「暮らしと備えの相談室」では、最初に〈重ねるハザードマップ〉を使ってそれぞれの住まいの災害リスクを調べることから始めます。具体的にどんなリスクがあるのか？　命を守るための避難は必要か？　在宅避難はできそうか？　を先に知ることで、そのあとの備えのイメージがつきやすくなります。

「防災」という大きなくくりでは、どう対策したらいいのかわからないことも、「もし明日から3日間停電するとしたら、わが家はどんなことに困るかな？」と小さく分けて考えていくと、対策しておくべきことが見えてくるはず。防災は特別なものではなく、今のあなたの暮らしとつながっています。

また、乳幼児がいる、障害者や高齢者がいる、ペットを飼っているなど、避難に対して不安なことがある場合は、お住まいの自治体に問い合わせてみましょう。地域の防災対策は自治体によって差があります。事前に話を聞いておくことで、自分たちの力でどうにかするしかないことと、いざとなれば人に頼れることが見えてくると思います。

各家庭で防災意識を持つことは、その地域の防災力につながります。その結果、障害者や高齢者に支援の手が届きやすくなるはずです。

一人で考えても不安なときは、自治体に話を聞いてみましょう。

第2章

もしものときも安心して食べたい

もしものときこそ、食べることは大事。
「災害のための食糧備蓄」ではなく、
ふだん食べているものを備蓄につなげましょう。
ここに登場する食品はあくまで「わが家の場合」。
それぞれのご家庭のお気に入りを当てはめてください。
長期保存食は、試してみてよかったものをご紹介しています。

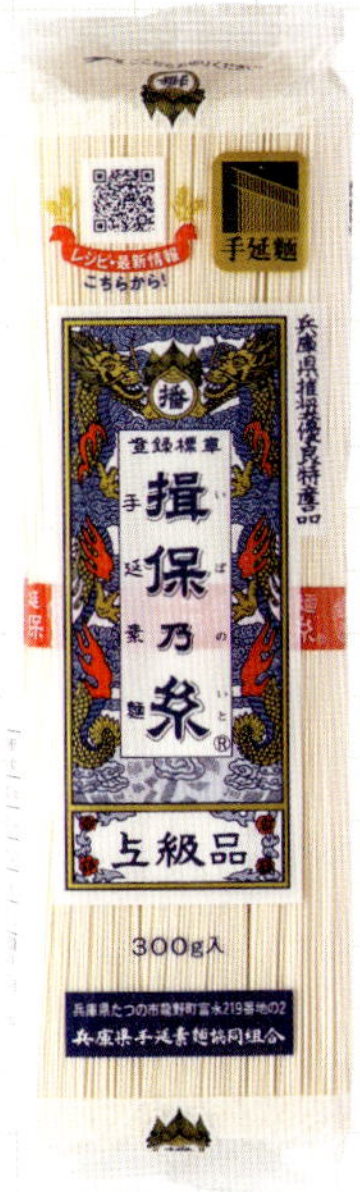

これならできる！食品の備蓄

わが家の食品備蓄は、❶ふだんから食べている常温保存のもの、❷同じく冷凍保存のもの、そして❸長期保存ができるもの、の3種類に分類できます。メインは❶と❷で、いつもの食品を多めにストックしておき、食べたら補充する「ローリングストック」を実践。いわゆる「非常食」は❸だけで、あくまでもいつもの食品の補助的な位置づけです。

このバランスに行き着いたのは、いざ災害に遭ったとき、ふだんから食べ慣れている味が気持ちを落ち着かせてくれると考えたから。加えて、非常食ってどれを選んだらいいのかわからない＝いつまでたっても買えない、という理由もありました。

❶は、レトルト食品、缶詰、乾麺、パックご飯、カップスープなど、賞味期限が比較的長い食品。保存場所はキッチンのシンク下の引き出しで、常温保存の野菜もいっしょに入れています。

在庫数と賞味期限の管理のため、食品は「立てて、賞味期限の印刷面を上向きに入れる」のが基本ルール。これなら入っているものとその量、賞味期限がひと目で把握でき、ローリングストックが無理なく続けられます。欲しいものがすぐ見つかり、取り出しやすいのもいいところです。

❷は、お弁当用の冷凍おかずをはじめ、冷凍うどん、冷凍OKのドリンク、ゼリーなど。冷凍庫はいつも中身がいっぱいの状態をキープしています。そのほうが冷却効率がいいということ

食品備蓄は3種類

1

ふだんから食べている 常温保存のもの

2

ふだんから食べている 冷凍保存のもの

ローリングストック

3

長期保存できるもの

もありますが、さらに、災害が起きて停電したとき、冷凍品を保冷剤の代わりとして活用できるから。しかも、溶ければそのまま飲んだり食べたりできるものを選んでいるので、一石二鳥というわけです。

❸は、水かお湯を注げば食べられるご飯やおかず、長期保存できるパン、缶入りのお菓子など。実際に食べて、おいしいと思えるものだけをストックするようにしています。保存場所は、アウトドア用クーラーボックス。毎年、夏休みに使うついでに中身を出してチェックし、賞味期限が近いものを入れ替えるようにしています。

いつもの食品をメインに、非常食を少し。これなら、考えすぎずに食品備蓄ができると思います。

1

ふだんから食べている常温保存のもの

これならできる！ 食品の備蓄

賞味期限が印刷されている面は上に向けて収納。パッと見て期限が近いものが把握できる。

ファイルボックスに入れれば袋ものも立てて保存できる。空きスペースに合わせて動かせるのも便利。

ブックスタンドを使って、ファイルボックスが入らない小さなすきまも有効活用。

キッチンシンク下の大きめの引き出し1段を食品ストックに。インスタントラーメンなどつい食べたくなってしまうものは、入れっぱなしになる心配がないので奥に入れる。

2

ふだんから食べている冷凍保存のもの

これならできる！ 食品の備蓄

ドリンクやゼリーなど、冷凍できるものはいろいろ入れておく。夏は保冷剤としても活用できる。

加熱不要タイプのお弁当用おかずは、溶けたらそのまま食べられて、しかもおいしい！

アウトドアなどで使う本格的な保冷剤を用意しておくと安心。

大きな引き出しには❶と同様、立てて入れるのが基本。なるべくすきまを作らないように、でも探しやすく。

アレルギー物質(特定原材料等)28品目不使用
尾西の白飯
Plain White Rice
アルファ米
尾西のひだまりパン
プレーン
チョコ
メープル
K&K
かんぱん
Bo-LoGNe
Maple
Chocolate
Plain
OKARA PanCan
おからパン缶
オレンジ
ダブルベリー
マンゴー
Tohato
SMILE HARVEST
SINCE 1978
ハーベスト
香ばしセサミ
ギンビス
IZAMESHI
たべっ子どうぶつ
IZAMESHI Deli
ごろごろ野菜のビーフシチュー
200g
206kcal
長期保存
きのこと鶏の玄米スープごはん
265g
112kcal
長期保存
MACKEREL
さばみそ煮

3

長期保存できるもの

「非常食」として販売されている食品。水かお湯を注げば食べられるご飯、おかず、パウチや缶入りの長期保存用パン、缶入りお菓子など。

賞味期限が見やすいよう、印刷面を上向きにして入れる。クーラーボックスは夏のレジャーだけでなく災害時の給水用にも活用できる。

ポリ袋にまとめてからクーラーボックスへ。ボックスを使いたいとき、ワンアクションで取り出せる。

1 ふだんから食べている常温保存のもの

インスタントみそ汁

フリーズドライのみそ汁は、好みのものを何種類か常備している。お湯を注ぐだけで食べられるのがいいところ。豚汁は肉のほかににんじんやねぎなど野菜も食べられて◯。FD生きてるみそ まろやか豚汁／フンドーキン醤油

ちらしずしの素

白飯があれば、これを混ぜるだけで具入り＆味つきご飯のでき上がり。おかずがなくても食べやすくなる。ほどよい酸味で食欲もアップ。すし太郎 黒酢入り／永谷園

ホットケーキミックス

じつは賞味期限が長く（製造後2年）災害時の備えに適した食品。水だけでもおいしく作れて、停電で卵や牛乳を早く消費したいときにも役立つ。森永ホットケーキミックス 600g／森永製菓（パッケージは店頭と異なる場合があります）

そうめん

賞味期限が長いのでストックを欠かさない。ゆで時間が1分30秒～2分と短いので、非常時は燃料の節約にも役立つ。ゆでて食べるだけでなくみそ汁の具にすることも。揖保乃糸 上級品300g／兵庫県手延素麺協同組合

2 ふだんから食べている冷凍保存のもの

冷凍おかず

お弁当に使うので、常にストックしてある冷凍のおかず。なんといっても便利なのは、自然解凍で食べられるところ。子どもが好きなものを何種類かそろえている。写真はソースとんかつ／マルハニチロ

餅

個包装タイプは賞味期限が長く、おやつにもごはんにもなるのでストックしておくと安心。焼いてもゆでても、汁ものの具にしても、という調理法の幅広さも○。うさぎ切り餅 一切れパック／うさぎもち

スポーツドリンク

子どもがスポーツをしているため常備しているドリンクも、冷凍庫に。好きな味のものを選んでいる。「アミノバイタル®」ゼリードリンク ガッツギア® サイダー味／味の素

ようかん

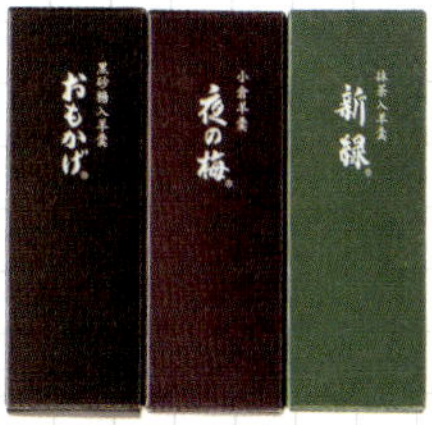

やさしい甘みで心を落ち着かせてくれるだけでなく、ちょっといいものを選んでおくと気分が上がる。家でおやつとして食べるほか、旅行に持っていくことも。小形羊羹／とらや

3 長期保存できるもの

おにぎり

賞味期限　5年

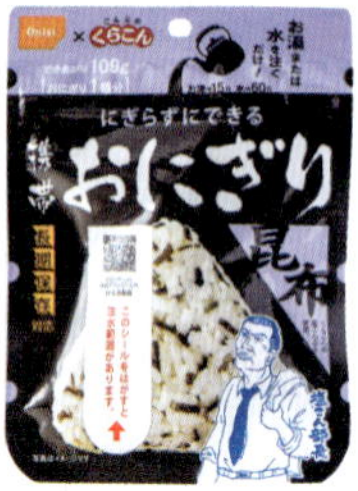

具材を混ぜ込んだアルファ米のおにぎり。食欲が落ちているときでも、形がおにぎりになるだけで食欲が増しそう。食べやすいところもいい。写真は昆布味。携帯おにぎり 昆布／尾西食品

白いご飯

賞味期限　5年

家にはいつもお米があるし、パックご飯も常備しているものの、いよいよ足りなくなったら、の備え。炊いたご飯を急速乾燥させたアルファ米で、水か湯を注げば食べられる。100g 尾西の白飯／尾西食品

パン①

賞味期限　5年

パウチタイプでコンパクトに収納できる。わが家では買っておくといつの間にか食べられてしまうほど人気。プレーン（写真）のほか、チョコ、メープルがある。尾西のひだまりパン／尾西食品

カレーライス

賞味期限　5年6カ月

通常のレトルトカレーは意外に賞味期限が短いと知って、長期保存用で探したもの。おなじみのカレー屋さんが監修しているだけあって、味も満足。CoCo壱番屋監修 尾西のカレーライスセット／尾西食品

お菓子②

賞味期限　7年

パウチタイプなのでコンパクトで軽く、持ち運びやすい。口当たりも軽く、小腹がすいたときにさっと取り出して食べるのにぴったり。写真はプレーン味、チョコレート味。7年保存バランスクッキー／グリーンケミー

パン②

賞味期限　3年6カ月

缶入りタイプのデニッシュパン。しっとり、軽い口当たりでおいしい。パンの専門店が、2004年の新潟県中越地震をきっかけに開発したものだそう。写真はメープル。缶 de ボローニャ／ボローニャ FC本社

お菓子③

賞味期限　5年

通常のビスケットに比べて、厚焼き。動物の種類がたくさん入っていて、子どもの気持ちをまぎらわせてくれそう。ギンビス×IZAMESHI 厚焼きたべっ子どうぶつ／杉田エース（IZAMESHI）

お菓子①

賞味期限　5年6カ月

食物アレルギー特定原材料等28品目、食品添加物不使用のビスケット。黒糖、麹甘酒などを使用していて、こくがありおだやかな甘み。米蜜ビスケットおこめのチカラ！保存缶／北陸製菓

あめ

賞味期限　5年

のどの健康を保つためにも、あめは備えておきたいもの。子どもが好きなのでパインアメを常備。黄色い缶が気分も明るくしてくれる。パインアメ缶／パイン

お菓子④

賞味期限　5年

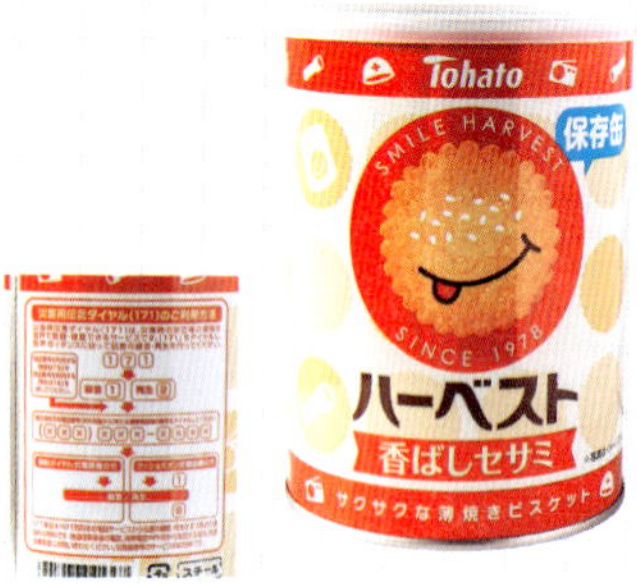

自分が好きなお菓子も常備。おなじみの香ばしい風味で、非常時にこそ食べ慣れたもののありがたさを実感しそう。缶に災害用伝言ダイヤルの使い方が記されている。ハーベスト保存缶／東ハト

車載OKのお菓子

賞味期限　5年

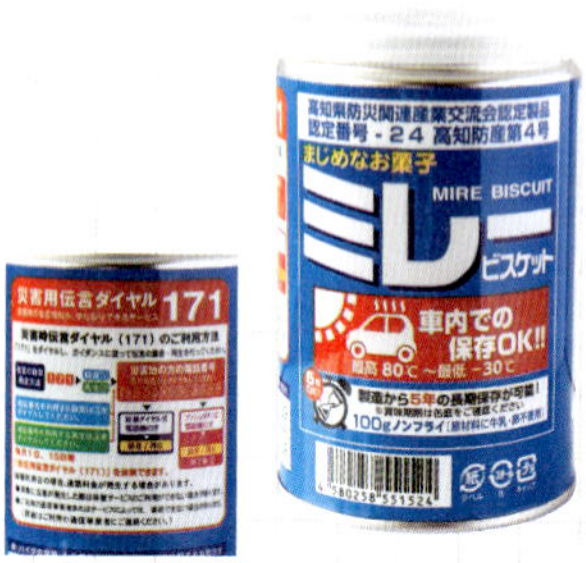

80～−30℃でも保存可能なので、車の備えにぴったり(P109)。缶にJAFの電話番号と災害用伝言ダイヤルの使い方がプリントされている。保存用ミレービスケット 車載用ミレービスケット／アミノエース

お菓子⑤

賞味期限　5年6カ月

北陸名物の揚げあられにも、保存できるタイプを発見。お菓子の備蓄は甘いものが多くなりがちなので、塩味も備えておきたい。アレルゲン28品目不使用。ビーバー 保存缶／北陸製菓

長期保存食を食べてみました！

ひだまりパン（P52）

プレーン、チョコ、メープル、どれもしっとり食感とやさしい甘さでおいしい！　子どもたちに大人気なので、防災リュックにも常備している。袋入りなのでコンパクト＆軽いのもうれしいところ。

バランスクッキー（P53）

ザクザクと軽やかな食感。プレーン、チョコレート、レーズンと3種類あって、どれも食べやすい。お菓子はいろいろ備えておいて、持ち出しにはパウチタイプ、2軍リュックには缶と使い分けたい。

たべっ子どうぶつ（P53）

通常のものに比べて厚焼きでサクサクした歯ごたえ。やさしい味で、子どもたちがあっという間に完食！　動物の種類が多くて気持ちがなごむうえ、名前が英語でプリントされているので子どもの遊びにも○。

調理にひと工夫を

在宅避難が前提のわが家では、「水道、ガス、電気が止まったときにできなくなること」を把握しておくことが大切と考えています。なかでも、ふだんどおりにいかなくなることの筆頭が食事。水道が使えないから洗いものは出したくないし、水や燃料の備蓄はできるだけ有効に使いたい。

汚れものを出さない工夫や、手持ちの食品を組み合わせておいしく食べるアイデアは、アウトドアレジャーに通じる部分もあると思います。たとえば、キャンプに行くならどんなふうに道具を使って何を料理するだろうと考えると、楽しみながら「手もとにあるものでできる工夫」を想像できそうです。

そして、災害時でも食事のときぐらいはホッとしたいから、好みの味の食品を備蓄しておくことは、やっぱり大切だなと思うのです。

汚れものをなるべく出さない

ラップ

ラップで器をおおってから料理を盛りつければ、洗わなくてすむ。大きめのラップを備えておくと、傷の手当てや保温にも使えて便利。

フライパン用ホイル

カセットコンロで調理するときに敷けば、フライパンが汚れない。クックパー® フライパン用ホイル（30cm幅）／旭化成ホームプロダクツ

パックご飯を湯せんで加熱

「レンチン」が当たり前と思いがちなパックご飯。じつは湯せんでも加熱できる。湯せんに使ったお湯は、捨てずに使いまわしを。

おいしく食べる合わせ技

カップラーメン ＋ 干し野菜

カップラーメンにお湯を注ぐ前に干し野菜をたっぷりのせておく。キャベツなどすぐに火が通る葉もの野菜でもおいしくできる。

アルファ米 ＋ カレー

風味にややくせがあるアルファ米は、人によっては気になることも。そんなときにはカレーの出番。だれでもおいしく食べられる味に仕上げてくれる。

少ない水で調理する

“ゆでない”ゆで卵

①フライパンに卵と深さ1cmの水を入れ、中火にかける。

②沸騰したらふたをして4分ゆでる。火を止めてそのまま4分おき、粗熱が取れたら殻をむく。

ポリ袋で調理する

ホットケーキミックスで蒸しパン

①耐熱性のポリ袋に牛乳、ホットケーキミックスを入れて卵を割り入れる。

②よくもんで混ぜ、袋の口を結ぶ。

③フライパンに湯を沸かして②のポリ袋を入れ、ふたをして弱火で10分加熱。袋の上下を返してさらに10分加熱し、火を止めて10分そのままおく。

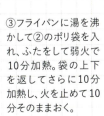

コラム ③

親への防災の伝え方

防災の発信をしているとよくご相談いただくのが、「親への防災の伝え方」です。特にご実家の防災対策について、悩まれているかたがとても多いと感じます。

「実家にモノがあふれているので、どうにかして片づけをしてほしい。地震のとき危ないよと伝えてもわかってくれず、口げんかになってしまって……」という話をよく聞きます。親に安全な家で快適に暮らしてほしい、という思いがあって伝えた言葉が、逆効果になって親子関係を悪化させてしまうとしたら悲しいですよね。

しかし、よく考えてみると、自分の暮らしに対して他人から指摘されることを好む人は多くはないでしょう。「モノが多い」や「片づけて」という言葉は、人から言われて気持ちのいいものではないはず……。では、どのように伝えていけばいいのでしょうか。

まず大前提として、たとえ親子であっても、相手の気持ちや行動をコントロールすることはできません。つまり、こちらの要望をすんなりと聞き入れてくれないことが普通だということ。うまくいかない場合は、やってほしいことを一方的に伝えるのをやめてみて、いっしょに確認したり、質問したりするのがおすすめです。次に3つ挙げましたので、実践してみるのはいかがでしょうか。

①いっしょに〈重ねるハザードマップ〉を確認

↓親の家だけでなく、お互いの住まいのリスクを確認しあうことで、同じ視点で話せるメリットがあります。

②災害時の自治体でのルールについて質問

↓町内で安否確認や助け合いのルールが決まっている場合があります。親にきいておくことでお互いに安心できますし、そこから話が広がって防災の話ができることも。

③「大型ゴミがあれば、いっしょに処分してあげるよ！」という声がけ

↓「手伝うからいっしょに片づけよう！」が逆効果になる場合は、自分の家の話をすると効果的！　相手の家を変えようとせず、自分の家が変わる姿を見せることは相手の心を動かします。また今ならいっしょにゴミを処分してもらえる、というお得感から気持ちが動くことも。

家の中の対策やモノの備え以外にも、話をすることで防災につながる気づきはたくさんあると思います。うまくいかない場合はぜひ試してみてくださいね。

第3章

在宅避難に備えよう

自宅が無事なら、在宅避難という可能性も大。
そのときに困らない水やトイレ、電気などの備えを、
ふだんの暮らしの中から考えましょう。
インテリアを安全に楽しむ工夫もご紹介します。

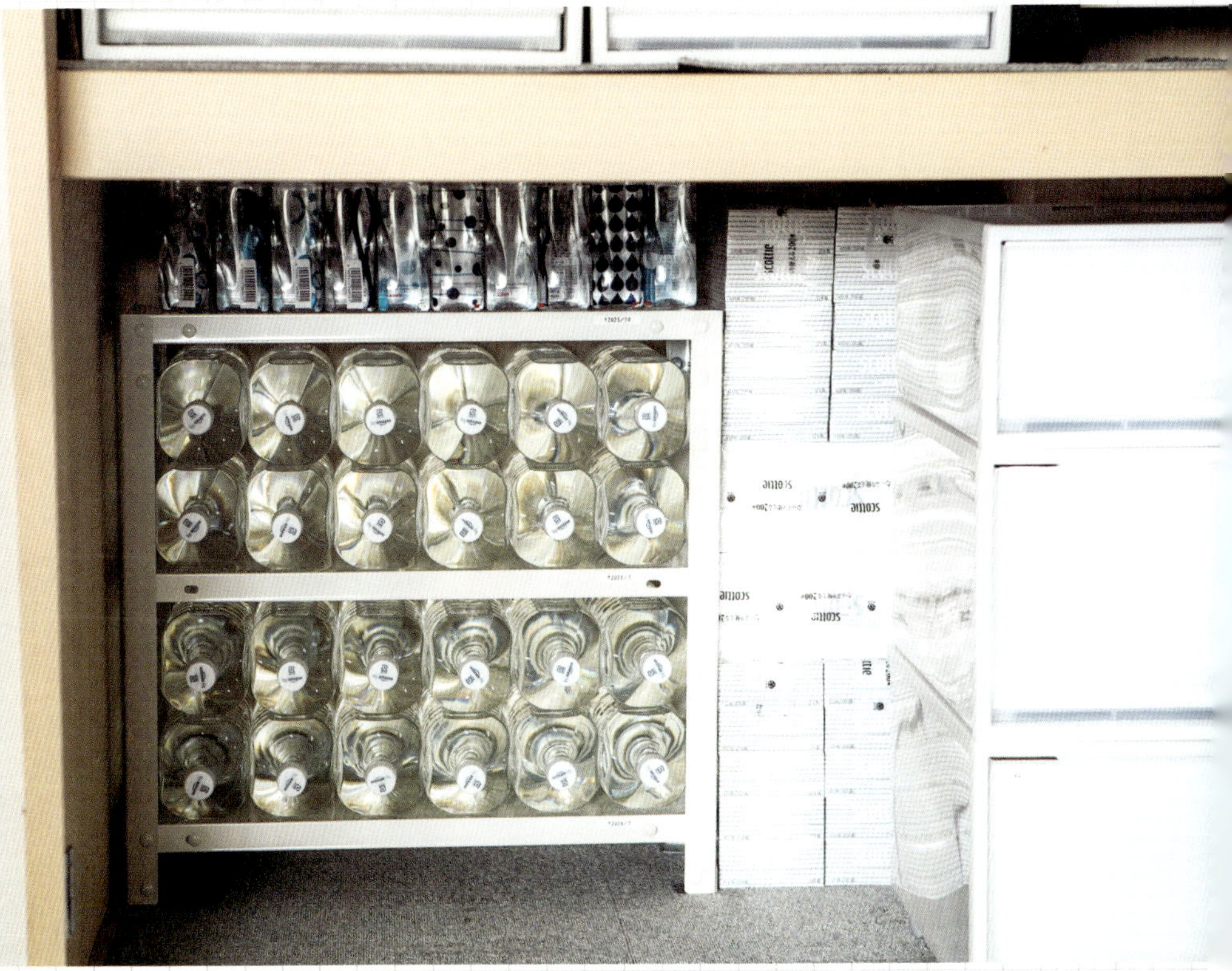

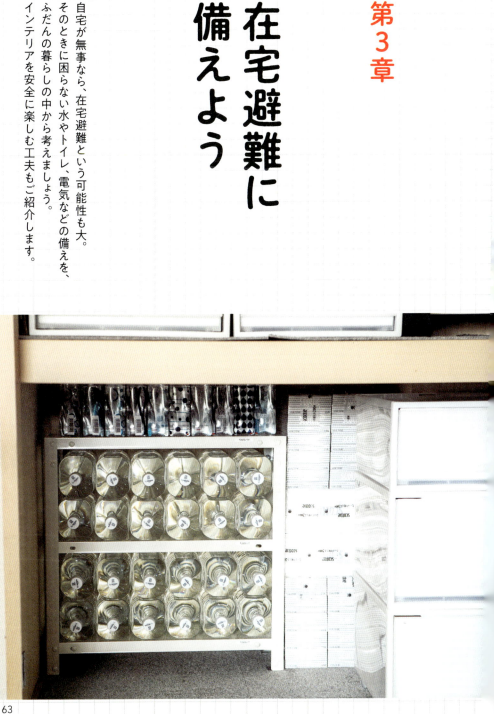

インテリアを安全に楽しむ

インテリアや器が大好きで、部屋のことを考える時間は至福のひととき。そんな私ですから、わが家は決してモノが少ないわけではありません。いざというときの安全を確保しつつ、気持ちがわくわくするような部屋づくりを意識しています。

まず気をつけているのは、いつも床をすっきりさせておくこと。わが家の場合、想定される「緊急時」は地震なのですが、床にじか置きしたものが多い状態だと、大きな揺れが来たときにあわててつまずいたり、あちこちに散乱してさらに危ない状態になりかねません。そこで、リビングやダイニングから、廊下、玄関まで、できるだけ「床にモノを置かない」状態をキープしています。これだと安全で気持ちがいいだけでなく、掃除がラクという副産物もあり、息子2人+愛犬1匹と格闘するのはなかなか大変ですが(汗)、がんばってモノがない状態を保っています。

かごが大好きでいくつも持っているほか、ミニチュアのオーナメントも飾っている。

掛け時計は木製。軽いだけでなく、温かみのある質感がお気に入り。

かける、つるすは軽いものを

窓際につるしている観葉植物。プラスチック鉢＋マクラメのホルダーでいい感じに。

平たい形のかごをダイニングの壁に。落ちても安心&下の棚のかごとも相性よし。

粘着剤で固定する

粘着剤

壁や固定したいものを傷つけずにしっかり止める。
何度も使えるソフト粘着剤
ひっつき虫／コクヨ

リビングのチェストの上の置物も、裏面に粘着剤を。

ダイニングの一角に置いている鏡。裏のいちばん上の部分に粘着剤をつけて固定している。

次に、壁にかけたりつるすものは、なるべく軽い素材をチョイス。北欧テイストが好きということもあり、もともと手持ちのアイテムは木のものやかごなどが多め。これらを活用して、落ちても危なくない、もし体に当たっても危険が少ないインテリアを心がけています。観葉植物は、ハンギングの場合はプラ

ダイニングの照明はスポットライトに

以前はペンダントライトをつるしていたが、家族が過ごす時間が長い場所なので、地震が来ても落ちたりしないスポットライトにつけ替えた。

スチック鉢を活用。質感は素焼きには負けますが、色や形で雰囲気のいいものは見つかりますし、葉が茂って隠れてしまうことも多く、気になりません。

揺れに見舞われたとき、モノが飛ばないように固定することも大切です。たとえば、鏡。壁にダメージを与えない粘着剤で、ピタッと貼りつけています。テレビや、チェストに飾っている陶製の置物なども、この方法でしっかり固定。ほんのちょっとしたことですが、するとしないとでは安心感が違いますよ。

家具は北欧のビンテージが好きで、少しずつ買い足しています。古いものならではの表情が魅力的なだけでなく、背が低くて小ぶりなものが多いので、防災面でも大満足。お手入れをしながら、大切に使いつづけていきたいなあと思っています。

床はすっきりさせておく

ハンガーラックはスペースをとるので、壁づけのハンガー掛けも活用。

ついそのへんに置いてしまいがちな上着やバッグ。「置かずにかける」を習慣づけて。

廊下もすっきり

狭い廊下は床に「何も置かない」を徹底。足もとが暗い夜でも安心。

中身がわかるように「子 半袖」とラベリング。

頭より高い位置には、布製の柔らかい収納ケースにオフシーズンの衣類を収納。これならもし落ちてもケガをする可能性が低い。

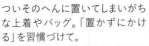

キッチンの防災対策

大阪府北部地震の揺れで食器の収納棚が動き、上に置いていた電子レンジもろとも前方に傾いた(怖)、わが家のキッチン。幸い、レンジが床に落ちるまでには至りませんでしたが、「こんなに重いものが動くんだ」と驚くと同時に、キッチンの防災対策の大切さを痛感しました。

さっそく取り組んだ対策の柱は2つ。「モノが動かないようにすること」と、「動いても少ないダメージですむようにすること」です。

まずは、家具や家電を固定するための耐震グッズを導入。電子レンジと収納棚の足もとに、粘着マットを敷きました。収納棚は脚をはずして、床との接地面を広くしたうえでマットを敷いています。冷蔵庫には、壁と冷蔵庫をベルトでつなぐ転倒防止器具を取り付けました。

重心を低くすることも、動きにくくするためには有効な手段です。前述のように棚の脚をはずしたことに加えて、大皿など重さがある食器は、いちばん下の引き出しを定位置にしました。重ねずに立てて入れることもポイントで、これなら、もし引き出しの中で動いても壊れにくくなります。しかも、ふだんの出し入れがスムーズになるというおまけつき。さまざまな形の器に対応できるよう、ディッシュスタンドのほか、ファイルボックスやアクリル製の仕切りなど、家にある収納グッズを駆使してスペースを区切っています。

落ちても危なくない工夫を

缶には紅茶やコーヒー。重くない
ものだけを選んで入れている。

かごの中には紙皿や紙コップ、お弁当箱などを入れて。

磁石で貼りつけて固定

ペーパータオルやマステなど、キッチンでよく使うものは冷蔵庫に強力磁石で貼りつける。

キッチンのストックが災害時の備えに

ゴミ袋やラップなど、台所用品には災害時に役立つモノがいろいろ。キッチンにまとめてストックしておけば、そのまま災害の備えになる。

家具や家電を固定する

転倒防止器具

冷蔵庫をしっかり固定。これとは別の商品を、子ども部屋にも使用している。転倒防止器具→P107

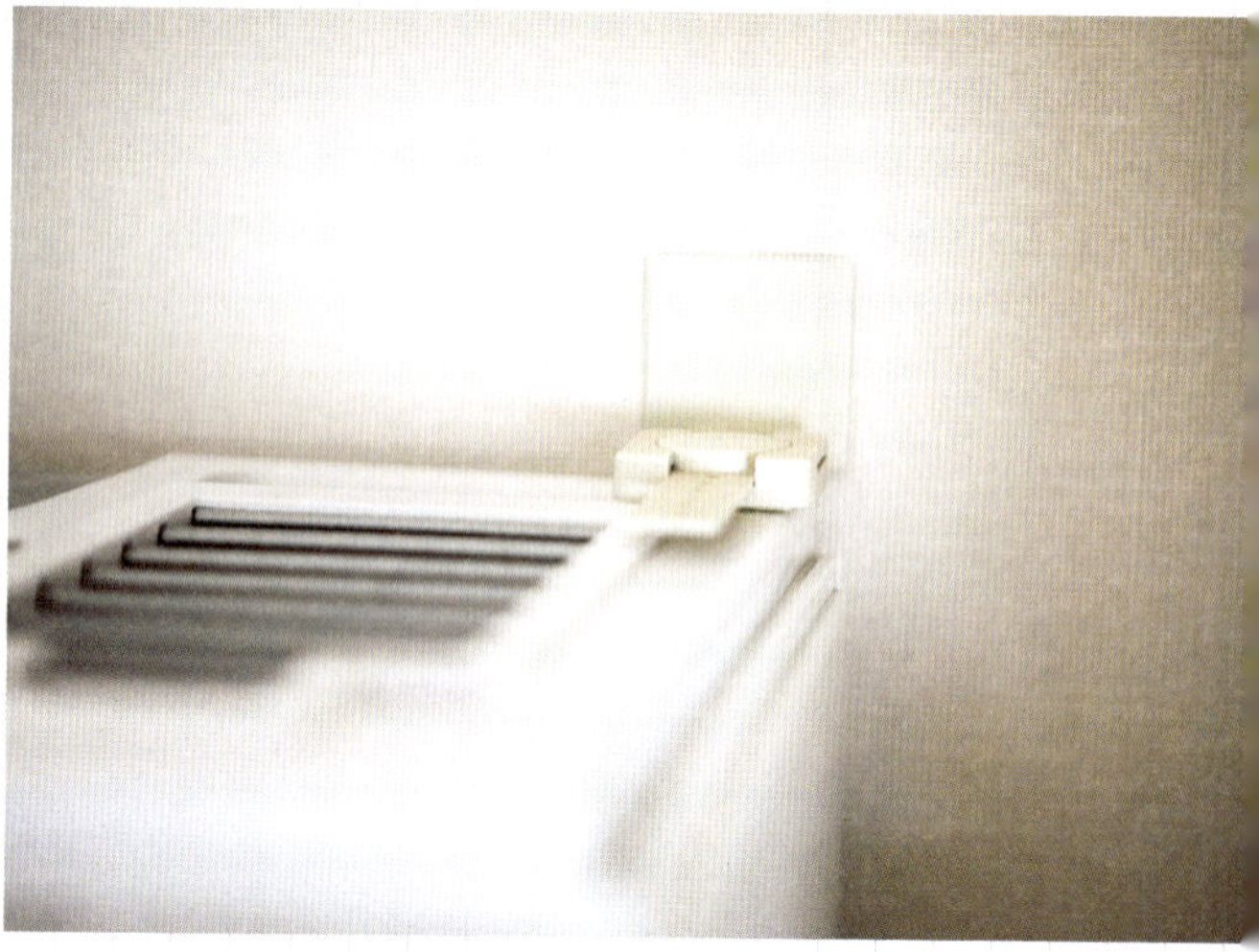

冷蔵庫の上面奥に、転倒防止器具を装着。掃除のときはベルト部分をはずすこともできる。

粘着マット

電化製品の移動や転倒を防ぐ。透明なので目立ちにくく、水洗いで貼り直しが可能。耐震ジェル（耐震マット・テレビ＆パソコン対応・耐震度7・四角型・クリア・透明・4枚入り）／サンワサプライ（サンワダイレクト）

電子レンジの足もとに、弾力のある粘着マットを敷いた。合成樹脂製でつけはずし可能。

重い道具や大きな器は下に収納

大皿は立てて収納。ファイルボックスなどを活用して倒れ防止。

IHコンロ下の収納。重い鍋などはいちばん下の引き出しに。

小さめの食器は、冷蔵庫の隣の扉つき造作棚に収納しています。すべり止めシートを敷いた上にお皿を重ねていて、地震でも崩れたり割れたりすることなく無事でした。

いろいろな安全策を講じる一方で、インテリア好きとしてはオープンシェルフの魅力も捨てられないもの。そこで、頭より上には重いものや割れ物は置かないことを徹底。収納には、かごや缶など軽くて見た目がいい入れ物を活用しています（P71）。「いざというとき」を恐れて安全性を求めるだけでは味気ないので、インテリアの楽しみもあきらめません。こうして、「備え」と「好き」のバランスをうまくとることは、防策対策を続けるための大きなポイントになると思うのです。

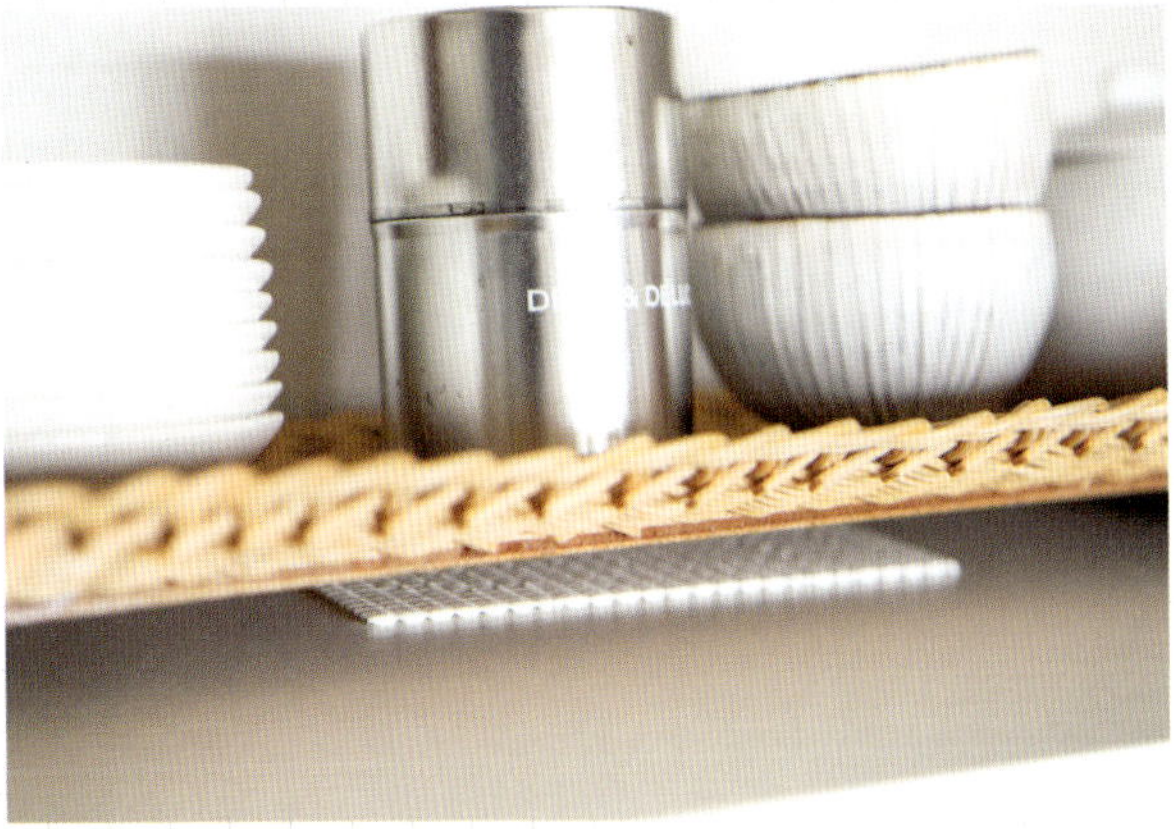

トレーの下にはすべり止めシートを。

すべり止めシート

止めたいもののサイズに合わせて切って使える。NEW止まるんです30×125cm B／カーボーイ

小さな器は重ねて すべり止めシートで固定

小さめの皿は重ねて収納。すべり止めシートを敷けば安心。

管理しやすい水のストックって？

　災害への備えとして、水は絶対に必要とわかってはいるものの、具体的にどう準備をすればいいのか困ってしまう、という人は意外に多いのではないでしょうか。

　飲料水の備えは、一人一日3ℓが目安といわれます。わが家の場合は、基本的には在宅での避難を想定しているので、備蓄の中心は2ℓ入りペットボトル。家族4人分で一日12ℓ＝6本と考え、これを4日分で24本、常にストックしています。

　家で使う水のほか、必要に応じて持ち出せる水も用意しています。こちらは、負担にならずに持ち歩けることを考えて310㎖入りをストック。30本を目安に残りの数をチェックして、減ってきたら買い足すようにしています。

押し入れの下段。手前にはキャスターをつけた衣装ケースを入れている。

押し入れの衣装ケースを動かすと……

↓

奥に水が！

キャスターをつけて引き出しやすく

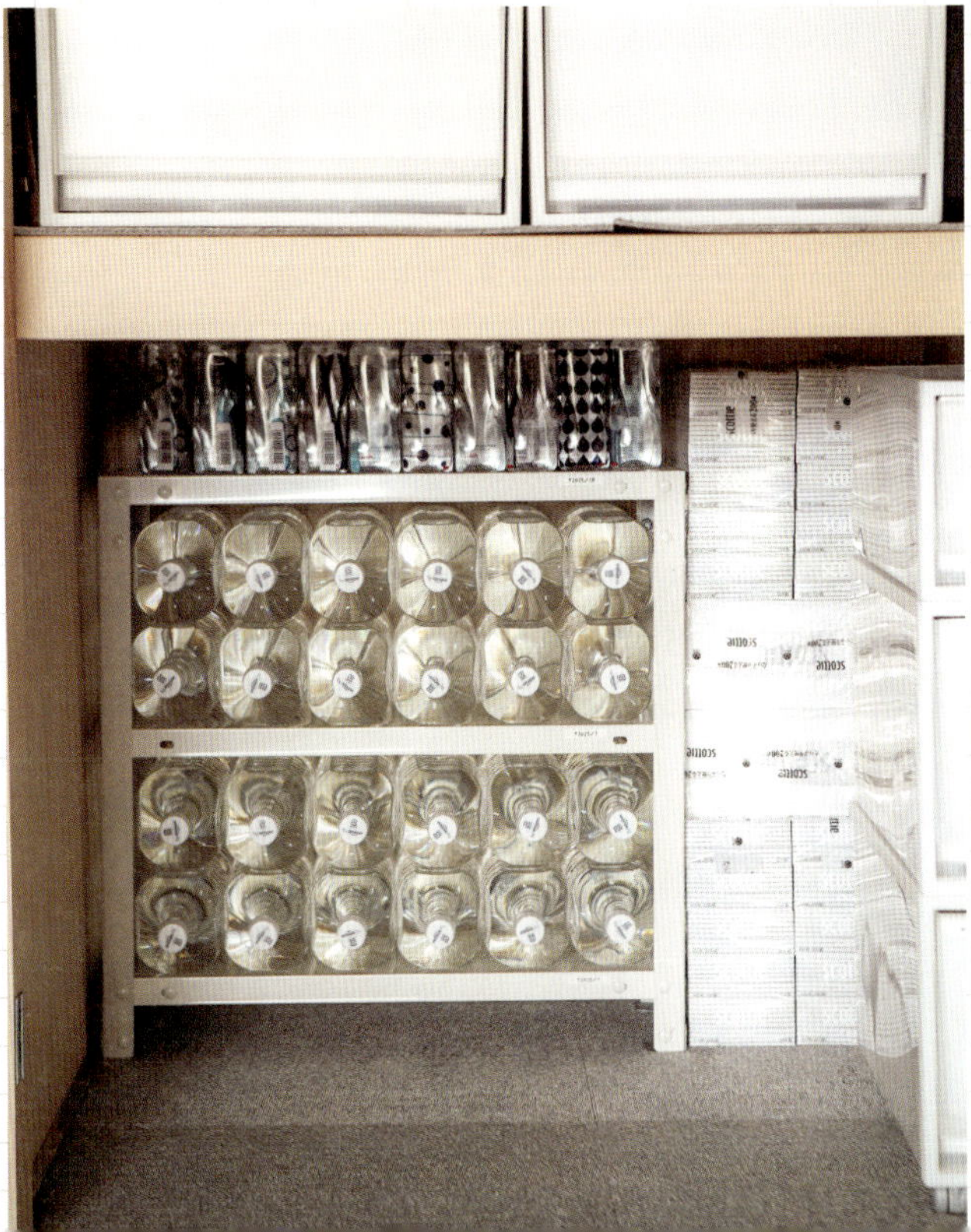

衣装ケースを引き出すと、奥には水をはじめティッシュなど備蓄品がぎっしり。

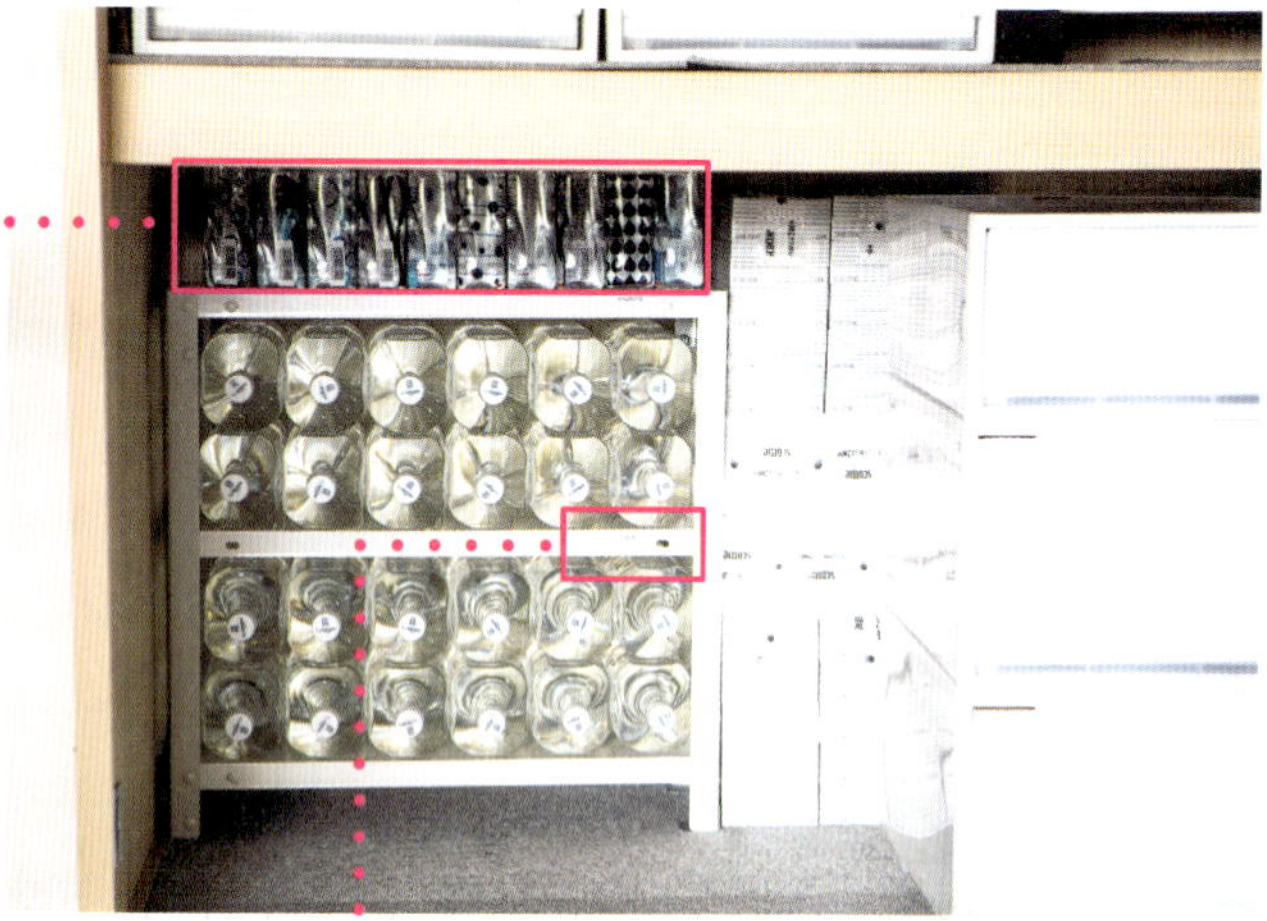

押し入れの奥行きを生かしつつ、入れっぱなしにならないよう工夫を重ねた収納システム。衣装ケースにキャスターをつけ（P79上）、押し入れ内にタイルカーペットを敷き、ふすまははずしてカーテンをかけている。

ストレスなく出し入れできる工夫がいろいろ

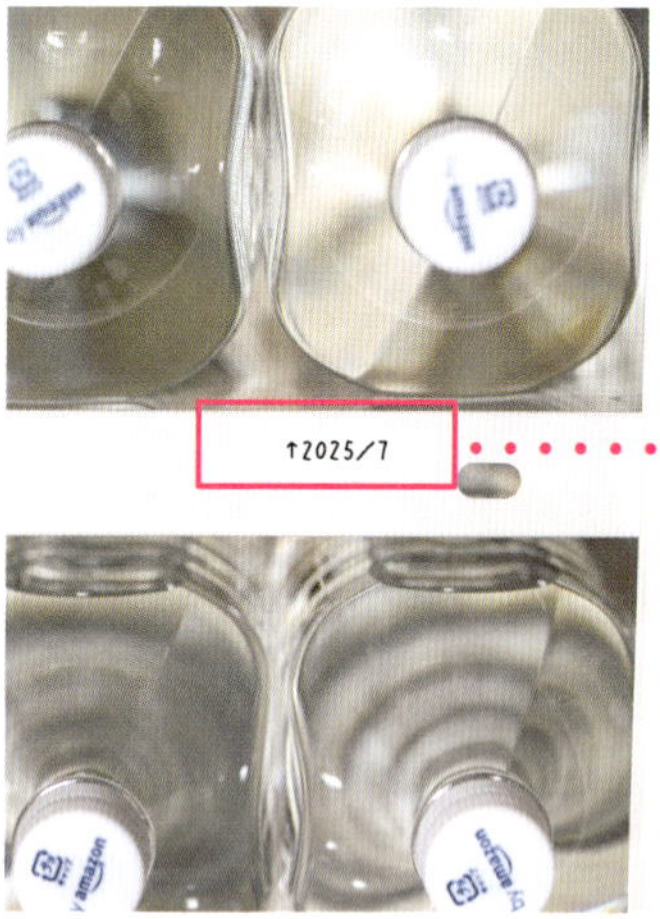

ひと目でわかる賞味期限

2ℓボトルはラベルプリンターで賞味期限を印刷してラックに貼り、310mℓボトルはキャップに記された賞味期限が手前になるように置いている（P81上）。

どちらのサイズも、買っているのは普通のミネラルウォーターです。あえて長期保存用を選ばないのは、水はもともと賞味期限が長いから。いつも飲んでいるものをローリングストック（使った分を買い足して、いつも一定の量が家にある状態を保つストック法）をしておけば、賞味期限が切れる心配もなく、ふだんの暮らしの中で災害に備えられます。

収納場所は、押し入れをメインに、キッチンにも少し設けています。押し入れ奥のスペースは、すぐに使わない備蓄品を納めておくのに好都合なので、買ったらまずここへ。ふだん使う分はキッチンに置き、足りなくなったら押し入れから補充します。このとき、賞味期限が近いものからキッチンに移すことがポイントです。

管理しやすい水のストックって?

残りの本数を必ず把握する

パッと見て残りの本数が把握できるよう、必ず箱から出して棚に並べている。箱のまま放置してしまうことを避けるため、届いたらすぐに棚へ。

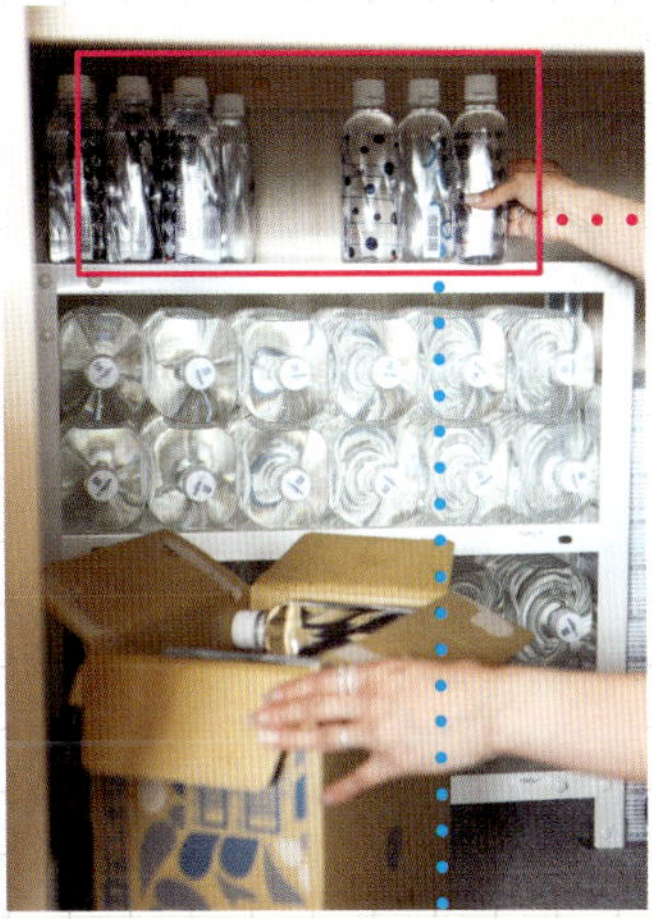

賞味期限の近いものからキッチンへ

出かけるときに持っていくなど、ふだん使う分はキッチンに収納。少なくなったら、賞味期限が近いものを押し入れから補充する。

在庫管理がラクにできるよう、置き方にもひと工夫。押し入れ奥に納まるサイズのスチールラックを導入し、下に2ℓ、上に310mℓを並べます。また、ラックの手前の衣装ケースにはキャスターを装着。これなら簡単に引き出せるので、奥の水が出しやすいうえ、残りの本数や賞味期限が目に入りやすくなります。

　ストックのほかにもう一つ、水の備えで考えておきたいのが、断水で給水所へ行く必要ができたときのこと。キャスターつきクーラーボックスやキャリーワゴンなど、アウトドアグッズを活用すると重い水をラクに持ち運ぶことができるので、こちらも備えておくと安心です。

断水したときの水の運び方

給水所にはクーラーボックスで

いざというときは、水をラクに持ち運べるようクーラーボックスを活用する予定。中にポリ袋を2枚重ねてから水を入れる。ふだんは長期保存食品の収納場所として活躍。マリーンブリーズウルトラ 28 ローラー／ニューテックジャパン

階段があるならリュックがおすすめ

階段を使うなどキャスターつきクーラーボックスでは運びにくい環境なら、リュックを活用。2枚重ねにした丈夫なポリ袋を入れて給水所へ。

車に積む水は長期保存用を

車にも水を備蓄。−20～80°Cに耐えうる長期保存用をチョイス。The Next Dekade 10年保存水 500mℓ／海老名エージェンシー

管理しやすい水のストックって?

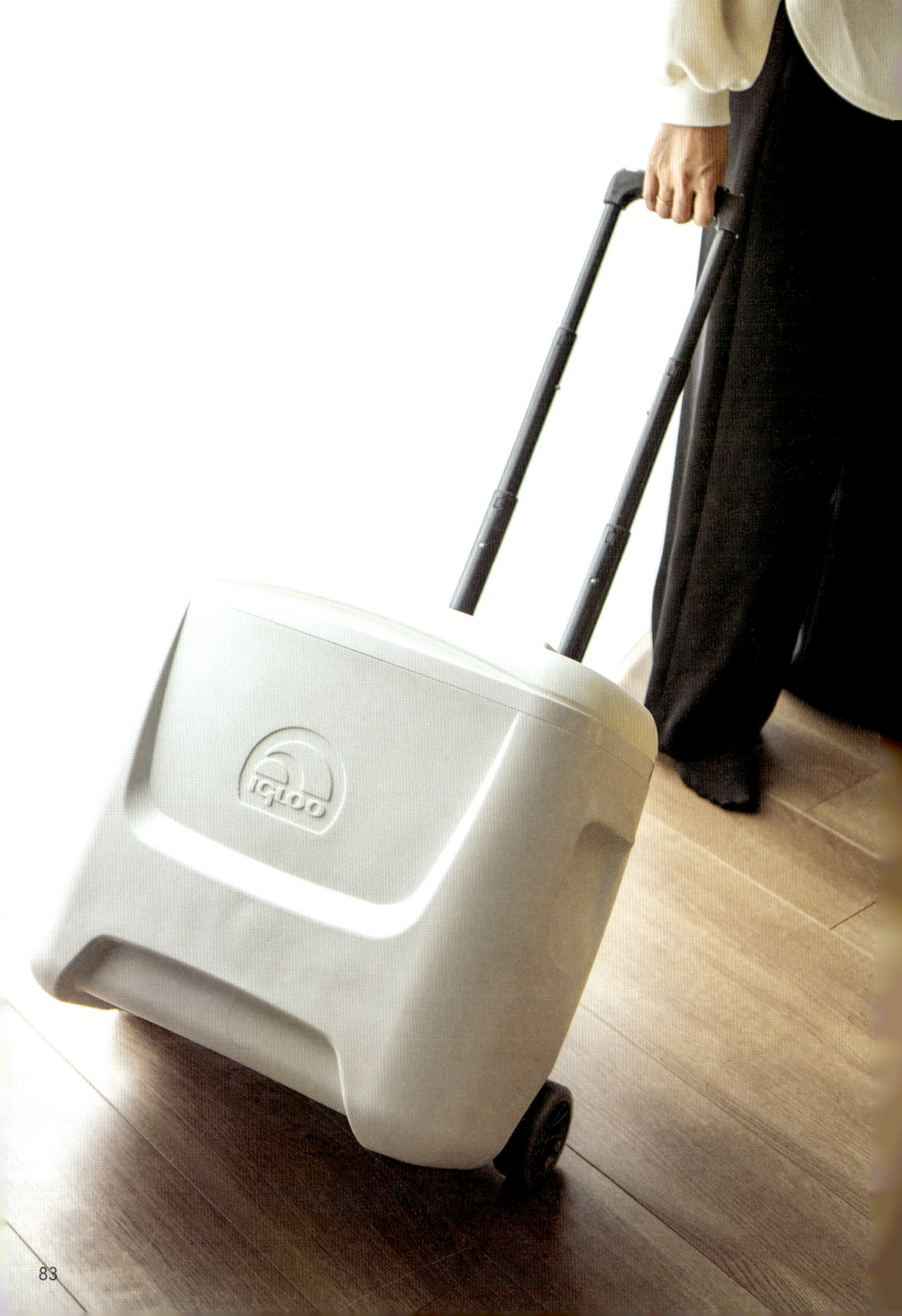

防災用品の収納にファイルボックスを活用

防災リュックのように持ち出しが前提ではない防災用品は、用途別にファイルボックスに入れて収納しています。具体的には、❶ラジオやライト、軍手など身のまわりの安全を守るもの、❷マスクや使い捨て手袋などの衛生用品、❸ポリ袋やゴミ袋、❹ヘルメット、❺ガスボンベの5つ。日用品でもある❷、❸、❺は、使ったら買い足すローリングストックをしています。

この収納法に行き着いた理由は、せっかく防災用品をそろえても、ふたつきの容器に入れて棚の奥にしまい込むと忘れてしまうと考えたから。備えがふだんの暮らしの中で自然に目に入り、必要なときにはすぐ手にとれるしくみを作りたかったのです。

ファイルボックスにはメリットがいくつかあります。まずは、サイズも形もバラバラな防災用品を、まとめてすっきり収納できること。同じメーカーのボックスでそろえれば、棚に気持ちよく納まります。

廊下収納のうちの1段に、ファイルボックスがずらり。幅が広いタイプと普通サイズのものを中身によって使い分けている。半透明で中身が見えることもポイント。

ファイルボックスと同じ棚の上のほうに、持ち手つきの紙袋を入れてある。必要なものを素早く持ち出すことができる。

安全を守るもの

1

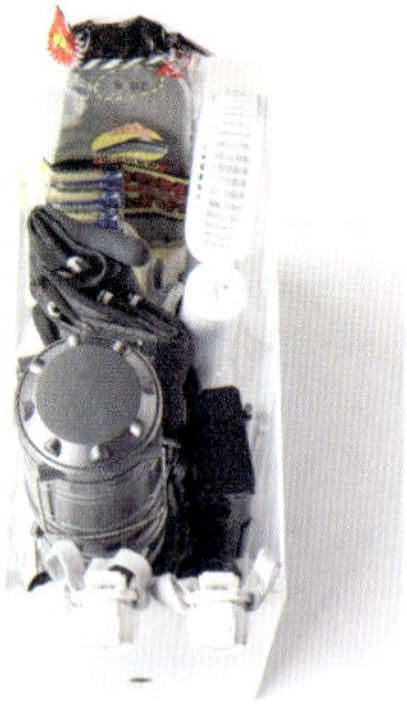

そして、ふたがないのでワンアクションで物が出し入れできること。ふたの開け閉めはささいなことですが、度重なるとストレスになり、やがて開けずに放置することにもつながりかねません。

　ファイルボックスは半透明のタイプを選ぶことが大きなポイントです。内容物を見えやすいようにしておくことで、あわて

軍手（防刃タイプ）×4組、ラジオ、ランタン×2個、インソール（くぎやガラスなどの踏み抜き防止用）、アルカリ電池（単3×40本、単4×20本）、ヘッドライト×3個、懐中電灯、ポータブルファン。電気製品はすべて電池で動くものをチョイス。

災害時の足もとは、ガラスやくぎなどで危険なことも。踏み抜き防止のインソールが足を守ってくれる。

ていても欲しいものがすぐ見つかるだけでなく、在庫が把握できてローリングストックにも便利です。ラベルを貼っておくとさらにわかりやすく、何が入っているかが家族にもひと目で伝わります。

こうして作った防災用品ボックスの定位置は、リビングと玄関をつなぐ廊下収納。日用品も入っていて頻繁に開け閉めする場所を、あえて選びました。防災リュックやクーラーボックス（非常食の収納に活用。給水所へ行くときにも使える）も近い場所に入れておき、扉を開けるだけで緊急時に必要なものがすべて目に入るようにしています。さらに、棚の上部には持ち手つきの紙袋を何枚か入れてあるので、ファイルボックスから出したものをさっと入れて持ち出すことも可能です。

防災用品の収納にファイルボックスを活用

2

衛生用品

マスク（個包装タイプ）、使い捨て手袋、まな板シート。

取っ手つきポリ袋（16ℓ）、厚手半透明ゴミ袋（45ℓ）、黒ゴミ袋（45ℓ、70ℓ。大きいほうは着替える際にかぶることもできる）、湯せんも可能なポリ袋（湯で食品を温めるときにも使える）、防臭袋（大、小。においを防ぐ→P101）。

3 袋いろいろ

バッグ代わりに

取っ手つきのポリ袋は、モノを入れるだけでなく運ぶときにも使える。とにかく便利。

着替えるときに

70ℓの厚手の黒ゴミ袋に、頭を出す穴を開けてすっぽりかぶるだけ。避難所などでも安心して着替えられる。防寒にも使える。

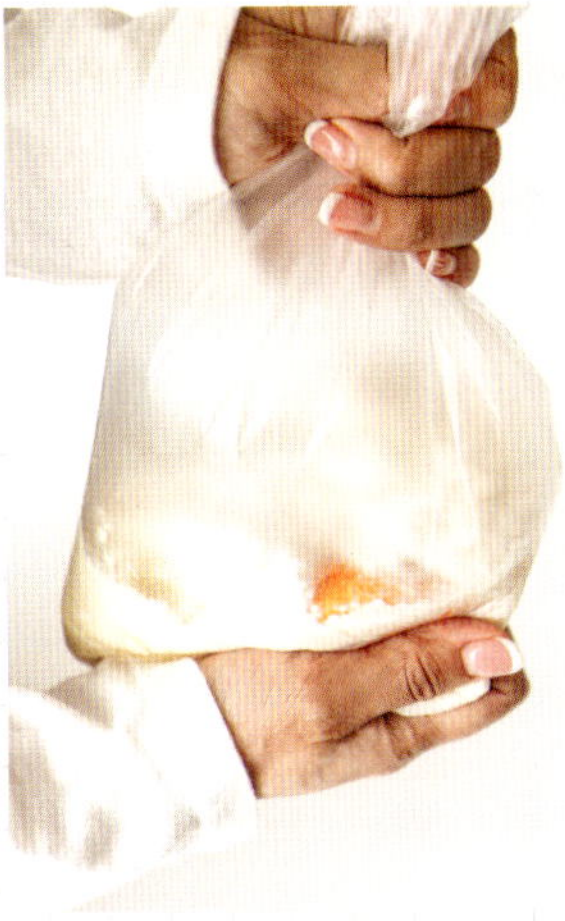

調理するときに

耐熱性のポリ袋なら、そのまま食材を入れて湯せん調理にも使える(P59)。

4

ヘルメット

折りたためるヘルメット（大人用）×2個（子ども用は自転車用を廊下収納に置いている）。オサメット／加賀産業

カセットボンベ

5

カセットボンベ×10本。カセットコンロ用に。1本で約60分使用できる。カセットガス／岩谷産業

防災用品の収納にファイルボックスを活用

防災用品を
同じ場所にまとめる

廊下収納の真ん中あたりの段に入れれば子どもでも手が届く。下の段には防災リュックとクーラーボックスを。

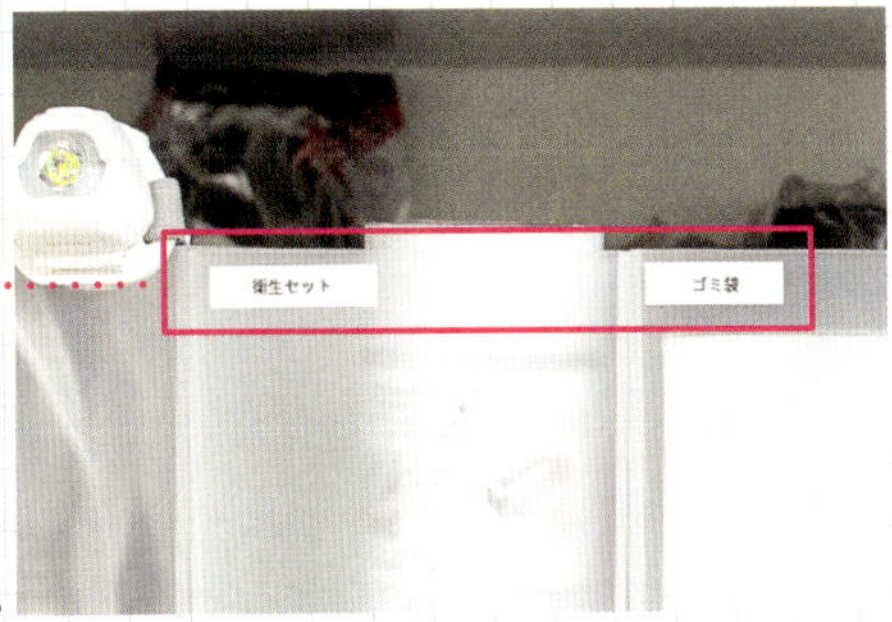

ラベルを貼っておくと、さらに中身がわかりやすい。

電気の備えは油断なく

モバイルバッテリーはいつも持ち歩く

USB急速充電器になるモバイルバッテリー。コンセントに挿すときは折りたたみ式プラグを広げて。スマホなどを充電しながらこれ自体も充電される。Anker 511 Power Bank (PowerCore Fusion 30W) ／アンカー・ジャパン

電気が止まるとたちまち滞ってしまう現代の暮らし。なかでも、情報を手に入れたり、家族や友人と連絡をとるためには、スマホやタブレット、パソコンといった情報機器が欠かせません。もしものときにバッテリー切れという事態にならないよう、ふだんから「電気を備える」習慣をつけています。

まずは外出時。バッグには、スマホとセットで必ずモバイルバッテリーを入れています。大きくて重いと結局持ち歩かなくなってしまうので、コンパクトなものをチョイス。容量はスマホの充電1回分＋αぐらい（機種によって違う）ですが、「携帯しやすさ」と「安心感」のバランスを重視しています。急速充電

ストレスフリーの充電コーナーを作る

「充電はここで」と決めてしまえば、充電し忘れることも、外出に持って行き忘れることも減って快適。

器も兼ねるタイプなら、コンセントがある場所では充電器、ない場所ではモバイルバッテリーと一台2役で使い勝手がよく、おすすめです。

ちなみに、防災リュックに入れているモバイルバッテリーは、容量がこの約4倍（P20）のもの。時折リュックから出して残量をチェックし、必要なら充電をしています。

こまめに充電しておきたい機器はスマホだけではありません。でも、家のあちこちでコンセントにつなぐのは不便だし、充電自体がめんどうになりそう……。

そこで考えたのが、ダイニングの一角にワイヤレス充電器や電源タップを集めて「充電コーナー」を作ること。外から帰ったら、ここにスマホや時計をつなぐよう習慣づければ、ストレスなく充電が完了します。

電池で使えるアイテムを選ぶ

電池で使えるアイテムを選ぶことも「電気の備え」のひとつ。

ラジオ

ごくシンプルな単機能タイプ。避難所で使うことも考えて、イヤホンでも使えるものを。FM/AM ハンディーポータブルラジオ ICF-P37／ソニー

ランタン

アウトドアに便利なLEDランタンを、防災用に常備。引き出すだけで点灯する。

ヘッドライト

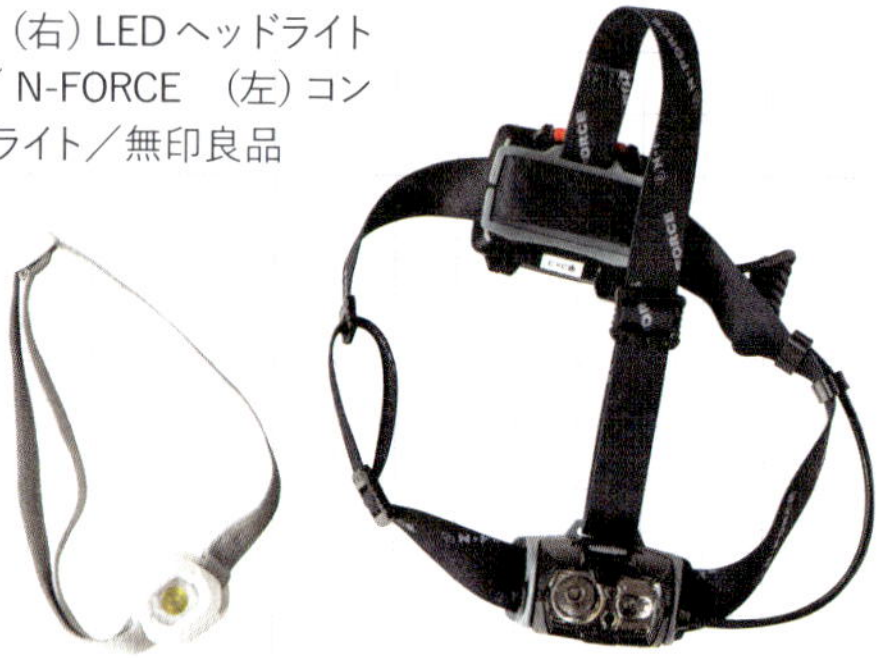

両手が使えるようにしておくと安心。子ども用に小さめのものも用意している。（右）LEDヘッドライト SP-260R ／ N-FORCE （左）コンパクトヘッドライト／無印良品

ラベリングでわかりやすく

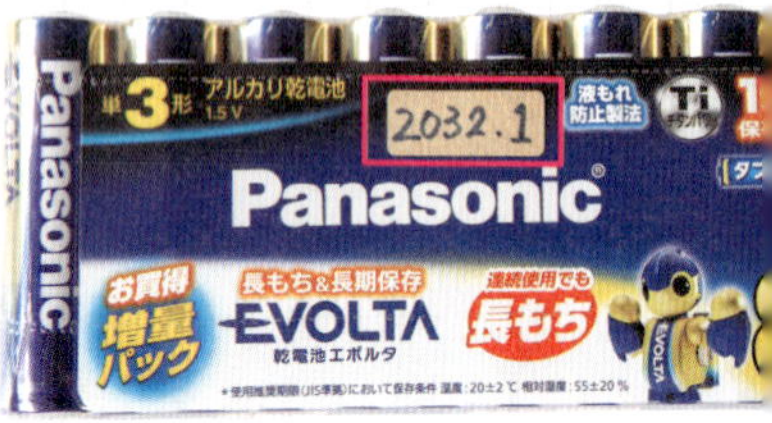

電池には使用期限を、電気器具には使う電池の種類を、ラベルに書いて貼っている。

ポータブル電源&ソーラーパネルがあれば、さらに安心

晴れた日に外に出し、電気を作って蓄える。（右）Anker Solix C1000 Portable Power Station、（左）写真のソーラーパネルは現在は販売終了。現行品はAnker Solix PS100 Compact Portable Solar Panel ／ともにアンカー・ジャパン

使わないときはたたんで収納でき、持ち手があるので運びやすい。Anker 625 Solar Panel（100W）／アンカー・ジャパン（現在は販売終了。現行品については右上を参照）。

出力ポートがUSB-C、A、ACポートなど複数あって便利。サイズは約W37.6×D20.5×H26.7cm約12.9kg。廊下収納にすっきり納まる大きさ。Anker Solix C1000 Portable Power Station ／アンカー・ジャパン

特に、災害時に必須のラジオや明かりは、入手しやすい乾電池で動くものを選んでいます。必要な種類や本数をラベルに書いて貼っておくと、管理がラクになるのでおすすめです。

大きな安心を手に入れたいなら、ポータブル電源も一案。選ぶときに気をつけたいのは出力値です。以前わが家で買ったものは最大出力が500Wのため、電気ケトルなど消費電力が大きい家電は使えないと後から気づいてショックでした。また、バッテリーに使用されている電池は捨てられないので、使用後に回収してくれるメーカーの製品を選びましょう。

ポータブル電源に充電するためのソーラーパネルがあれば、さらに安心。電気を「備蓄」するだけでなく、「作る」こともできるようになります。

停電時の寒さ・暑さ対策

大きいもの、小さいもの、家じゅうの魔法びんをかき集めて活用したい。

寒

沸かしたお湯はムダにしない

これもあると安心

薄くても保温力はばっちり。静音タイプならまわりを気にせずに使える。静音アルミブランケット→P12

寒い時期は必需品。体の中から温める。

災害は季節を選びません。在宅避難ができる状態であれば、まわりにあるものを使って冬は暖をとり、夏は暑さをしのぐことになります。

寒いときには、お湯を沸かしてもすぐにさめてしまうので、魔法びんに保存して温かさをキープしたいもの。沸かしなおしを避ければ燃料の節約にもなります。アルミブランケットやカイロも活用して、体を外側から温めることも効果的です。

暑いときには、災害が起きた直後、電気と水が止まる前に、とにかくたくさん氷を作っておきましょう。冷凍庫内の保冷に、体を冷やすために、とさまざまに役立ちます。近年は猛暑の影響もあり、体を冷やす冷却剤や冷たいシートなども種類が豊富。ふだんから試して、お気に入りを見つけておきましょう。

暑

電気と水が止まる前に 氷をストック

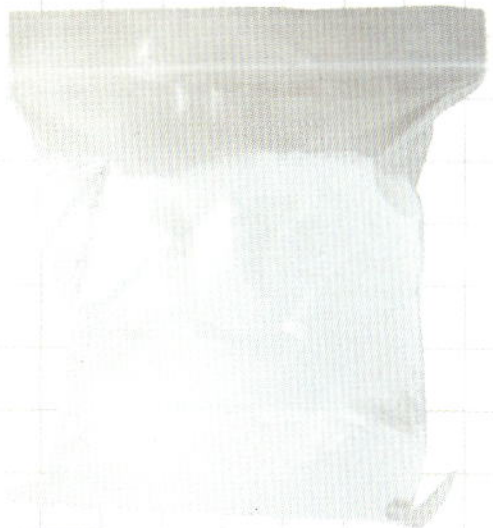

ファスナーつき保存袋に水を入れて、冷凍庫にどんどんストックしておく。

これもあると安心

たたくと冷たくなる冷却剤。K-select 急速冷却剤 使い捨てタイプ／キリン堂

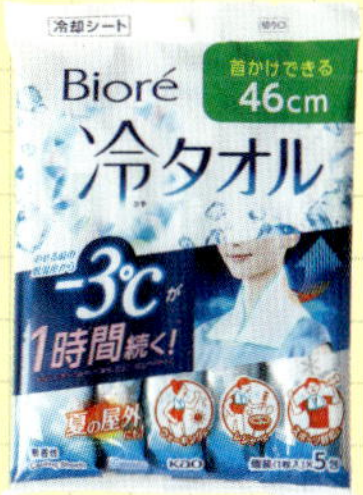

気化熱の作用で肌の熱を逃がす。ビオレ 冷タオル 無香性 5本入／花王

やっぱり気になるトイレの備え

大きな地震の後、特に集合住宅では、建物の状態に問題がないとわかるまで水を流すことはできません。もし排水管に亀裂が入っていたら、大変なことになるからです。つまり、在宅避難になったとしても、基本的には家のトイレを使うことはできないのです。

　わが家では、そうした状況に備えて非常用トイレをストックしています。袋と吸水シートが一体になっていて、広げるだけで使えるタイプ。非常用トイレには、ほかに、使用後に凝固剤をかけるタイプもあるので、試して好みで選んでもいいかもしれません。1枚で2〜3回使えると考えて、40枚を備蓄。ローリングストックをする性質のものではないので、ときどき使用期限を確認して、きれないように気をつけています。使う場所にしまっておくのが便利なので、収納場所はトイレの棚。ファイルボックスにまとめて入れています。

　トイレットペーパーは3倍巻きが定番。常に24個以上ストックし、それより減ったら買い足すようにしています。

非常用トイレは日常的に使うものではないので、上の段に。

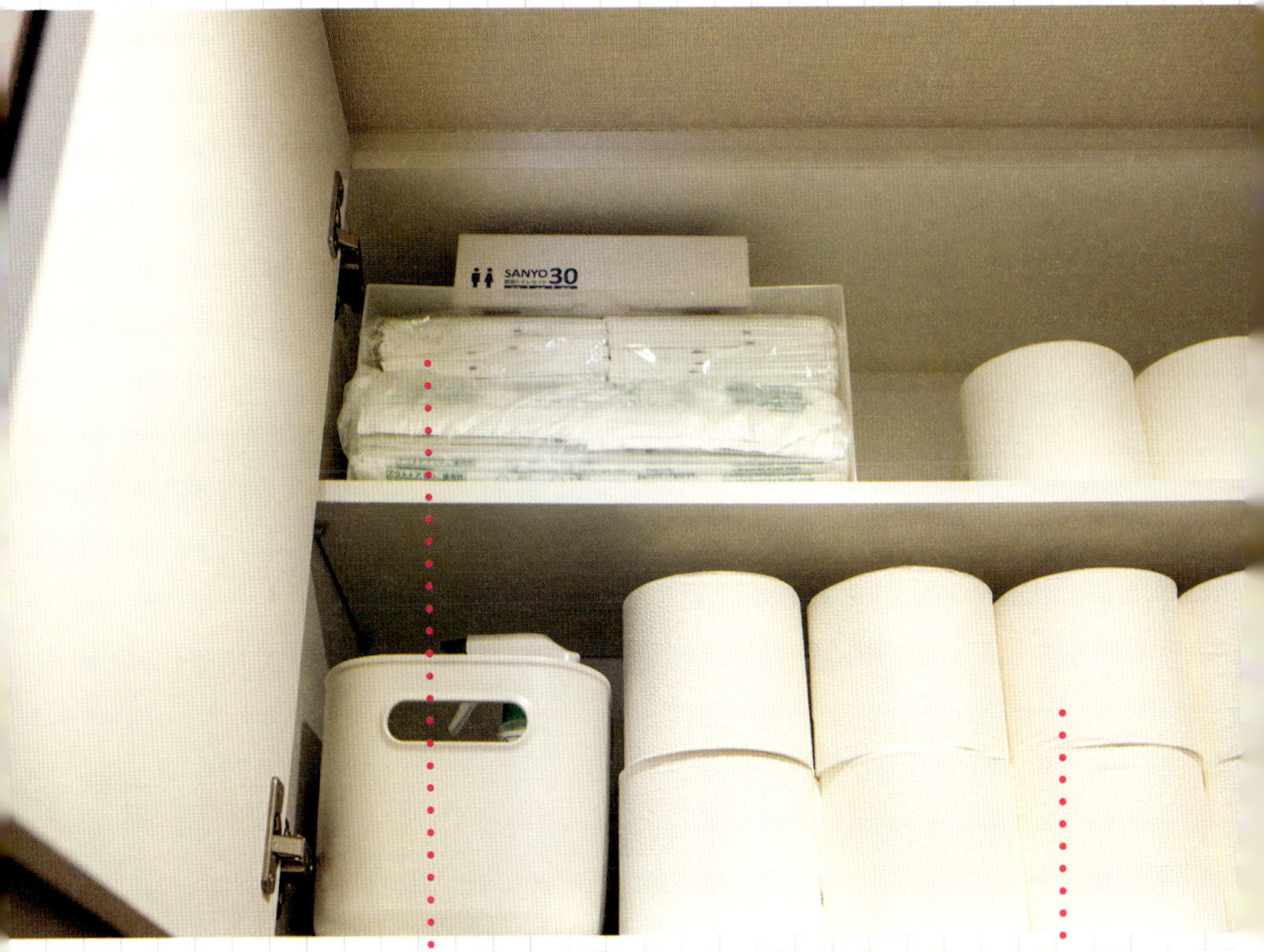

ファイルボックスに収納

非常用トイレの収納にはファイルボックスを活用。納まりがよく、出し入れもしやすい。

3倍巻き

3倍巻きなので買い物の回数が減らせて便利。ストックの量は棚に納まる個数と決めている。

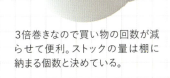

非常用トイレの使い方

カンタンだよ!

①ポリ袋にトイレを重ねる

ここではバケツを使って説明。まず大きめのポリ袋をかぶせてから非常用トイレを重ね、実際のトイレなら便座を下ろして動かないように押さえる。

②複数回使える

これは200mℓの水を吸わせた状態。まだまだ余裕がありそう。

1枚あたり500mℓほどの吸収力があり1枚で2～3回使用可能。蒸発を防ぎいやなにおいを閉じこめる。→P12

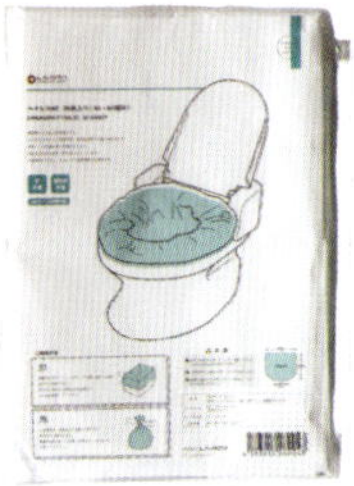

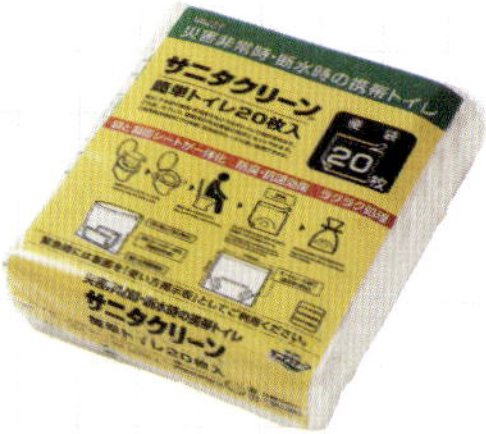

袋の内側に吸水シートを一体化させた構造で、水道水で約1000mℓ吸水が可能。サニタクリーン簡単トイレ 20枚入／総合サービス

使い方は簡単。家のトイレにかぶせて使い、2~3回使用したら交換して口を閉じ、捨てるだけです。災害時はゴミの収集もストップすると考えられるので、防臭機能のある袋を用意しておいて使用後の袋を入れるようにすれば、たまってきても不快感が減らせるはず。消臭スプレーなども用意しておけば、におい対策はさらに安心です。

使用する際は、大きなポリ袋を便器にかぶせてから、非常用トイレを重ねるのがおすすめ。便器の中にたまった水に接することなく使えるので、より衛生的です。

また、このトイレはどこでも使うことができるので、私はいつもポーチに入れて携帯しています（P12）。あまり考えたくはないことですが、外出時の不測の事態への備えになります。

③臭いを防ぐ

200mℓの水をさらに2回注いでみるとこんな感じ。そろそろ限界な様子。

便器から非常用トイレだけをはずして口を閉じ、防臭袋に入れる。さらに口を閉じる。

一時的な保管場所として衣装ケースやふたつきのボックスなどに入れる。ベランダなど家の外に出しておけるとベター。

菌を通さず衛生的な袋。非常用トイレもこれに入れて捨てれば臭わず安心。驚異の防臭袋BOSストライプパッケージ・白色Lサイズ90枚入／クリロン化成

寝室の安全を考える

災害はどんなタイミングで起こるかわかりません。眠っている間に起こることだって充分にありえます。

寝室の防災対策でまず大切なのは、眠っている＝無防備な状態の人の上に、モノが落ちたり倒れてこないようにすること。わが家では、寝室に洋服収納のハンガーラックを置いていますが、ベッドのほうから見ると正面ではなく横を向いています。これは、もし就寝中に大きな地震が起きても、ベッドに向かって倒れてくるのを防ぐため。奥にかけている服がややとりにくくなるので、季節の服は手前にかけるようにしています。

ルームウェアなどを納めた衣装ケースも、寝室が定位置。4個重ねたものを並べて置き、いちばん上には小物を入れたかごをのせています。いずれも軽いので、揺れの衝撃で前方に飛び出しても大丈夫。そして、ラックの隣に置いているので、ラックが倒れたときの支えになります。モノどうしがひっかかって止まる配置にしておくことは、大きな安心感につながりますよ。

逃げるための動線を確保しておくことも、とても大切です。ラックや衣装ケースは寝室の奥にまとめ、ベッドは入り口の近くに。ドア付近には何も置かず、あわてていても、停電しても、スムーズに部屋から出られるようにしています。

眠るときはTシャツなど、そのまま外に出られる格好が定番。靴は、寝室から玄関まですぐなので、室内には置きません。

外に出られる動線をキープ

入り口付近にモノを置くと、散乱してドアをふさぐおそれが。ドアとベッドのまわりはすっきり、を心がけている。

動く方向を考えて置く

大きな揺れが起きたときにモノがどう動くかを考えて、モノどうしがひっかかるように配置。図に描いてみると頭が整理される(P117)。

収納ボックスをストッパーに

ハンガーラックの上段に、天井に届くぎりぎりの高さのボックスをのせるとストッパー代わりになる。

コードレスの明かりが便利

ベッドサイドに持ち運べる明かりを常備。子どもが小さいころ、ダイニングテーブルで塗り絵などをする際に使っていたもの。

天井にはスポットライト

照明の位置がベッドの真上なので、揺れたり落下したりする心配のないスポットライトを設置。

子ども部屋は こうしています！

子ども部屋も大人の寝室と同様の考え方で家具を配置しています。息子2人分の本を収納するために選んだ本棚は背が高く、耐震用のストッパーをつけたとはいえ、ちょっと不安。そこで、2段ベッドと向かい合わせに置き、万一倒れてもベッドでひっかかって止まるようにしました。これなら本棚が体を直撃しないうえ、ドアをふさがないので、いざというとき部屋に閉じこめられる心配もありません。

本棚を固定する

大きな揺れが来たときに転倒を防ぐため、本棚と壁をベルトでつなぐ転倒防止器具をつけて固定している。

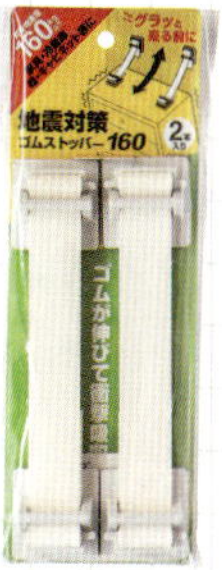

転倒防止器具

ゴムが伸びて衝撃を吸収、家具の転倒を防ぐしくみ。地震対策ゴムストッパー／キングジム

本棚が体を直撃しない配置

本棚はベッドと向かい合わせに置き、万一倒れてもひっかかるしくみに。

少しずつ暗くなる照明

スイッチを切った後も残光機能があるシーリングライトを使用。すぐに真っ暗にならないので安心。

車の備えも忘れずに

車での移動が多い生活をしている人は、車に「ミニ防災セット」を積んでおくと安心です。車内は寒暖差が激しいので、食べものや飲みものを積みっぱなしにしておくのはちょっと心配ですが、車載が可能なモノ選びをすれば解決。わが家では、低温はマイナス20℃から高温は80℃まで保管できる長期保存水や、長期保存缶入りビスケットなどを備えています。

一方、家族旅行など、車で遠出をするときには「防災リュック」もいっしょに積んでいきます。慣れない土地に出かけるときこそ、いつもの備えが安心感をもたらしてくれるはず。持ち出しの予行練習にもなるので、ぜひ試してみて。

防災リュックの簡易版

現金、ポケットティッシュ、非常用トイレ、黒いゴミ袋、使い捨てカイロ、水（長期保存用。P82）、お菓子（長期保存用。P54）を小さな手提げ袋にまとめている。

遠出のときは防災リュックも

旅行などのときは、防災リュックも積んでおくと安心。持ち運びの予行練習にもなる。

コラム④

防災とエンディングノート

ある日突然、病気や災害によって、これまでの平穏な日常を奪われてしまうことがあることを、私たちは知っています。そしてだれにでも平等に、必ず命の終わりはやってくる。5年前に父が病に倒れてから、みとるまでを経験する中で、人生の終え方について考えるようになりました。弱っていく父を見ながら、「こんなとき自分だったらどうしてほしいだろう」と考えることが多かったからです。だから、〈エンディングノート〉を作ってみることにしました。

まだ40代の私にとって、人生の最期を考える機会はとても少なく、このまま健康な毎日が当たり前にずっと続いていくように思えます。それはとても幸せなことなのですが、今だからこそ家族や大切な人と話しておけることがあるのではないか？　と考えるようになりました。

年齢の順番で考えると、私の場合、身近な人では母になるでしょう。

そこで、お正月にみんなが集まったときに、エンディングノートを作ってみることにしました。今みんなが健康でいられることに感謝をしながら、深刻な話し合いではなく、話題のひとつとして。私と夫、妹夫婦、そして母の5人で、みんなが答えやすそうなテーマから始めてみました。その中で、あらためて母の生い立ちを聞いたり、保険や銀行口座の話もできました。もう父はいないので、母しか知らない情報がたくさん！　それをすべてエンディングノートに書き留めていきました。

話をしていく中で、「この銀行口座やクレジットカードはもう不要だから解約しよう」ということになったりもしました。解約手続きはめんどうなことが多いので、私や妹が母を手伝いながら進めていきました。こうして会話をしながらお互いの現状を知っておくことが、とても大切なことだと思います。

そして、情報の整理をしていくと、「もし火事になっても、命懸けで守るべき書類などない」ということがわかってきます。必要な情報さえしっかり把握しておけば、原本などなくても問題ないものがほとんど。生きてさえいればなんとかなる、と知っていることが、とっさの判断や命を守る行動につながるはずです。エンディングノートへの取り組みは、防災にも役立つことに気がつきました。
エンディングノートを進めてくと、「人生の終わり」ではなく、「今、どう生きたいのか」に向き合うことになっていくから不思議です。自分の最期を考えることで、今やりたいこと、自分にとって大切なことが見えてくる。年齢を重ねて、死が近く感じられてから始める、というものではなく、これからの人生を大切に味わいたいかたのためのノートだと思います。皆さんも始めてみませんか？

Voicyで知り合った、エリサさんが作るエンディングノートを使っている。考えられたつくりで書きやすい。

日々活ラジオ
https://voicy.jp/channel/2324

hibiya
https://hibiya.theshop.jp/

第4章

防災への意識を高める

私が各地で行っている防災講座で、参加者の皆さんに手を動かしていただく「ワーク」を紙上で再現しました。「わが家の場合」を書き込むことで、必要な備えが意識できます。

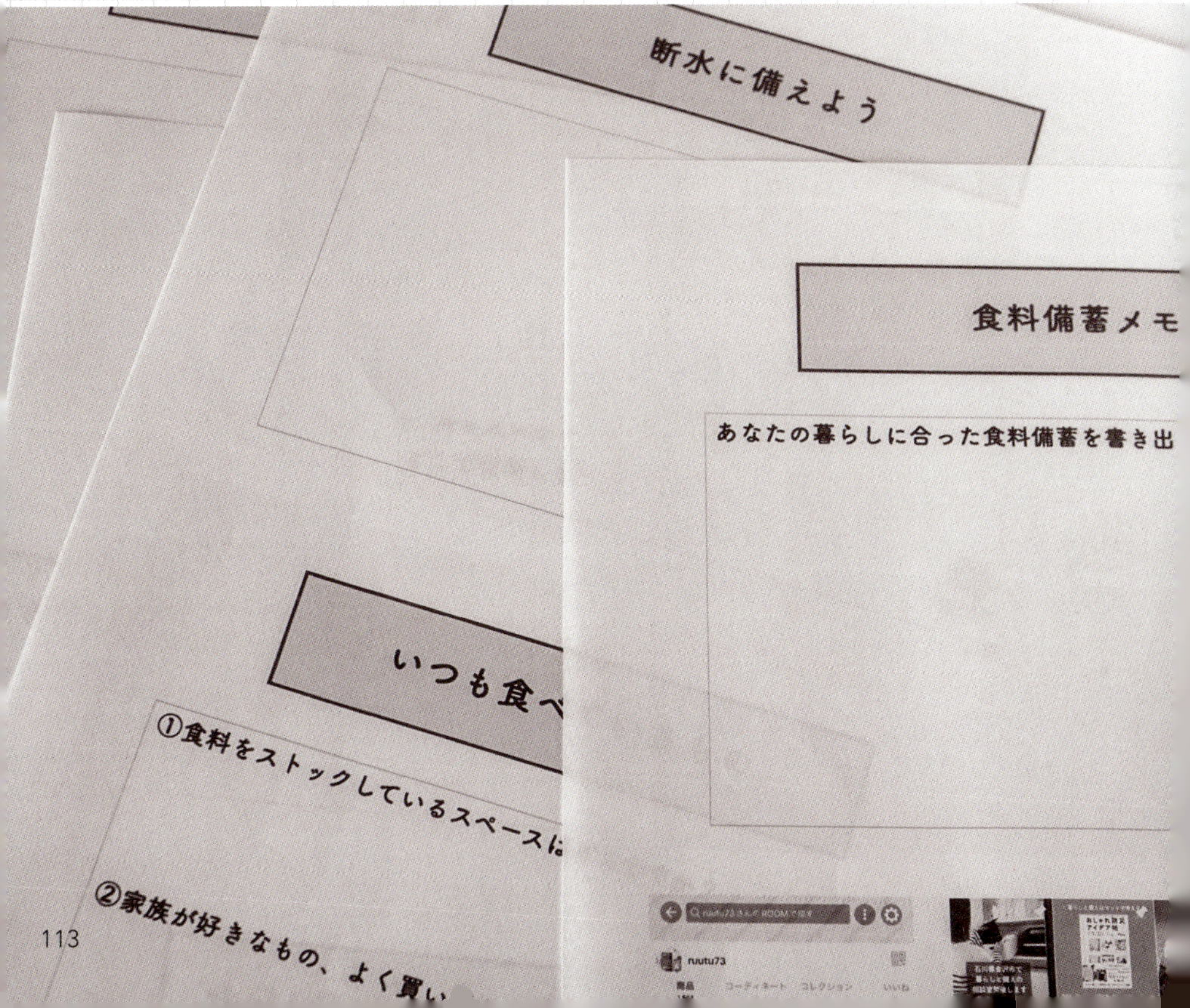

1

ハザードマップを確認しよう

災害の備えを考えるためには、まず、自分が住む地域にどんな危険があるのかを知っておくことが大切。国土交通省が運営する「重ねるハザードマップ」では、全国各地の災害リスクを知ることができます。自宅、学校や勤務先のほか、よく行く外出先もぜひチェックを。旅行に行くときも、旅先のリスクを調べておくと安心です。

こんなリスクがわかります

- 洪水
- 土砂災害
- 高潮
- 津波
- 道路防災情報
- 地形分類

重ねるハザードマップ

https://disaportal.gsi.go.jp/
リスクが目で見てすぐにわかります。

どんなリスクがあるか、書き出してみよう。

自宅

勤務先・学校

よく行く外出先
[　　　　　　]

2

家の中の安全な場所をチェックしよう

もし眠っている間に大きな地震が起きて寝室の家具が倒れても、安全に部屋の外へ逃げることができますか？　部屋の簡単な間取りと家具の配置、さらには家具が倒れる向きを図に描いてみることで、部屋の中に潜む危険とその対策が見えてきます。

寝室

子ども部屋

リビング

キッチン

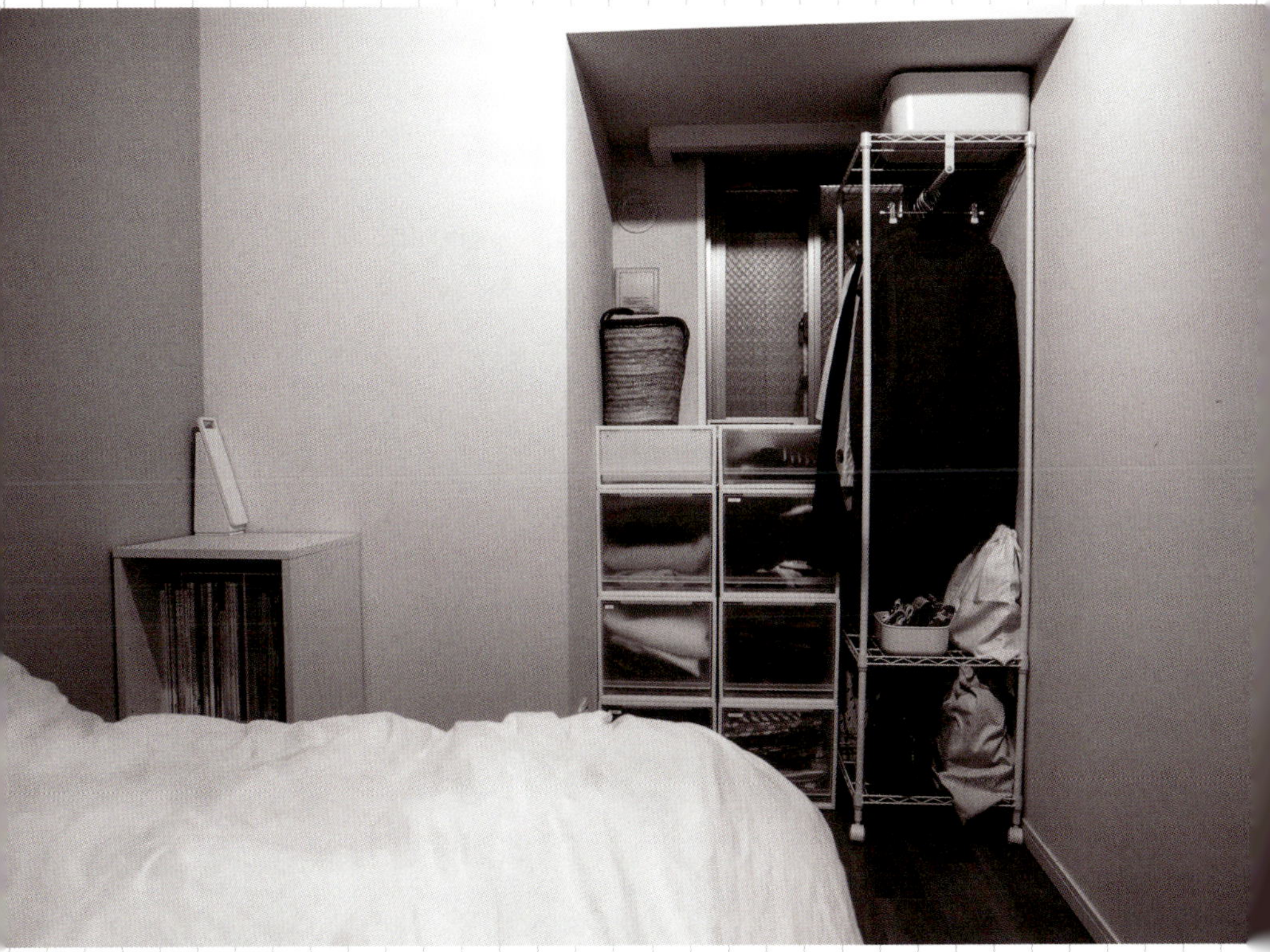

図に描いてみよう

寝室の間取りを描き、家具が倒れたり動く方向に赤い矢印を入れます。逃げる方向は太い矢印で。

記入例

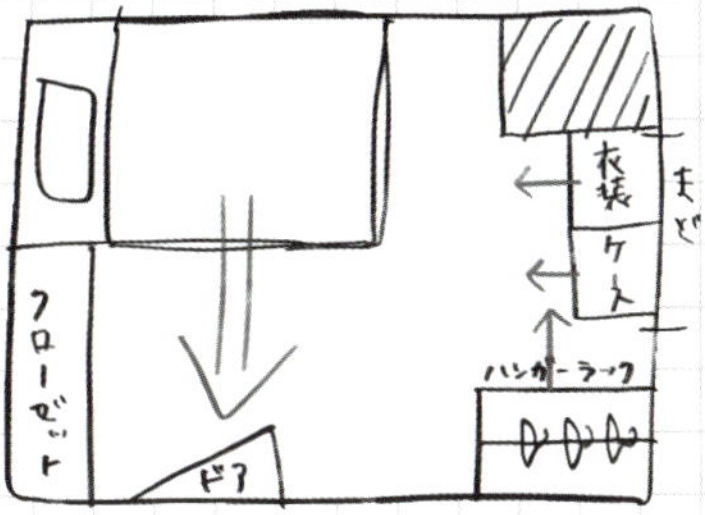

3

わが家の食料備蓄リスト

食料備蓄は、ふだんから食べている常温保存のもの＋同じく冷凍保存のもの＋長期保存食、で考えるのが基本。収納場所を決めて、減ったら補充するローリングストックを繰り返していれば、「備蓄するぞー！」と頑張らなくても大丈夫です。左ページに「家族が好きなものやよく買うもの」を書き出してみて。

1：常温保存のもの

2：冷凍保存のもの

3：長期保存できるもの

4

家族と決めておきたいこと

連絡方法や集合場所は、ぜひ決めておきたいこと。災害時は同じエリア内の電話が通じにくくなるので、災害エリア外に住む親戚に電話をかけて、その人に中継係になってもらう方法がおすすめ。また、家の近所の避難所、給水ポイント、救護所（応急手当てが受けられる場所）を調べて、いざというときはどこの避難所へ行くか決めておくと安心です。

5

家を離れるときにすること

家を出て避難所などへ行くときは、必ずブレーカーを落として（通電火災を防ぐため）、できればガスの元栓を閉めます（これは可能な範囲で）。他にも「わが家ではこれも」ということがあれば、書き出してみましょう。

◆大雨の中を避難しなければいけないときは、つい長靴を履きたくなりますが、中に水が入ると重くて歩きにくくなります。必ずスニーカーで！
◆「○○小学校に避難します」などのメモを玄関扉の外に貼るのはNG。「この家は留守です」とまわりに知らせることになり、空き巣などに遭う危険があります。家族間でのやりとりは、家の中のどこかに貼っておくなど場所を決めておきましょう（ただし、家に入れる状態の場合のみ）。

Q 子どもが学校にいるときに災害が起きたら？

A 学校によってルールがあるので、それを確認しましょう。うちの子どもの学校では、地震の場合「登校中なら学校に行く、下校時なら家に帰る」が基本ルール。親が不在のときはどうするかなど、子どもと話をしておくと安心です。

Q 子どもが不安がります。

A 災害に対する不安や恐怖は、「正しく知ること」で軽減することができます。子どもが自分で身を守る学びにつながるチャンスと捉えて、ぜひ親子で一緒に備えを考えてみてください。まずは、ハザードマップで自宅や学校の災害リスクを調べるところから。

Q ペットは避難所へ連れていけますか？

A 自治体によって違うので確認を。ペット可の避難所も、個別のケージに入れて屋外に置かれる場合が多いので、ケージのトレーニングは必須です。日ごろからペットにとって「ケージが安心な場所」と思えるようにしておくことも大切なポイント。

みんなの不安、Q&A

よく質問される「こんなとき、どうしたらいい?」にお答えします!

Q 避難所のプライバシーが不安です。

A 災害直後の避難所には、さまざまな状況の人が集まることが予想されます。しばらくはプライバシーの確保もむずかしいかもしれません。防災リュックに、耳栓や、コンパクトラジオとイヤホンなどを用意しておくと役に立つかも。

Q ローリングストックがうまくできません。

A 初めから完璧にローリングストックしようと思わず、モノやスペースを決めて取り組んでみるのもいいと思います。トイレットペーパーなどの日用品は、何日くらいで使いきるのか、データをとっておくのも備えと買い出しのタイミングを知るのに有効です。

Q 家族の防災意識が低くて……。

A 人の意識を変えるのは簡単ではありません。自分ができることを淡々と続けることで、少しずつ家族にも伝わっていく、と私は考えています。自分が家を空けるとき、家族で旅行に行くとき、日本のどこかで災害があったときなど、あらゆるタイミングで話題にしてコミュニケーションをとりつづけるだけでも防災になっています。

おわりに

この本では、私が暮らしの中で実践している防災アイデアをご紹介しました。
あなたの暮らしに取り入れられそうなことはありましたか？

最後に、だれでもすぐにできる防災対策をお伝えしたいと思います。
どんな優秀な防災グッズをそろえるよりも、大切にしてほしいことです。
それは、家の中を整理しておく、ということ。

整理とは、「不要なものを手放す」ことです。

もう必要ないのに、家の中に置きっぱなしのものはありませんか？

モノを減らせば、その分の空間が広く使えるようになり、
短い時間で片づけができるようになります。
見た目がすっきりして、必要なものがさっと出し入れできるようにもなります。
そして何より、家の中が安全になるので〈防災対策〉としても大きな効果があります。

家を整理することは、お金で買えない時間や、心の余裕、安全なスペースを生み出します。

だから、ぜひ整理もやってみてください。
大切なものや使っているものを手放す必要はありません。
「もう使わない、不要なもの」だけを片づければいいのです。

いつかまたどこかで、地震や台風などによる災害が起こるでしょう。
今後、日本で暮らすみんなの防災意識が少しずつ高まって、どんなときでも
皆さんが安全に過ごされることを心から願っています。

※掲載順に記載しています。　※商品の詳細は各HPをご確認ください。

とらや
https://www.toraya-group.co.jp

マルハニチロ株式会社
https://www.maruha-nichiro.co.jp/home.html

味の素株式会社
https://www.ajinomoto.co.jp/aminovital/

株式会社ボローニャFC本社
https://bologne-shopping.com/

北陸製菓
https://hokka.jp

株式会社グリーンケミー
https://greenchemy.jp

杉田エース（IZAMESHI）
https://izameshi.com/

株式会社東ハト
https://www.tohato.jp/

パイン株式会社
https://www.pine.co.jp/can/

株式会社アミノエース
http://www.aminoace.com

旭化成ホームプロダクツ株式会社
https://www.asahi-kasei.co.jp/saran/

サンワサプライ（サンワダイレクト）
https://direct.sanwa.co.jp/ItemPage/200-QL003CL

カーボーイ
https://www.car-boy.co.jp/

ニューテックジャパン
https://newtecjapan.co.jp/

海老名エージェンシー
https://www.nextbousai.jp/shopdetail/000000000087/

加賀産業株式会社（オサメット）
https://osamet.com/

岩谷産業株式会社
https://www.iwatani.co.jp/jpn

ソニー株式会社
https://www.sony.co.jp/

N-FORCE
https://www.n-force.co.jp/home-1

無印良品
https://www.muji.com/jp/ja/store

花王株式会社
https://www.kao.co.jp

株式会社キリン堂
https://www.kirindo.co.jp/

株式会社総合サービス
https://sservice.co.jp/business/disaster/toilet/

株式会社キングジム
https://www.kingjim.co.jp/

Misaさんおすすめのグッズ・メーカー一覧

日本製紙クレシア株式会社
https://scottie.crecia.jp/wet/syoudoku.html

クリロン化成株式会社
https://bos-bos.com/

KURASHIIRO（クラシイロ）
https://www.kurashiiro.com/

LA・PITA（ラピタ）
https://lapita.co.jp

株式会社エピオス
http://epios.jp/

ジェントス株式会社
https://www.gentos.jp/

コクヨ株式会社
https://www.kokuyo-st.co.jp/

アンカー・ジャパン
https://www.ankerjapan.com

尾西食品株式会社
https://www.onisifoods.co.jp/

アサヒグループホールディングス株式会社
https://www.asahi-gf.co.jp/special/senior/oral-care/items/wet-tesshu/

株式会社ネイチャーラボ
（ダイアンパーフェクトビューティー）
https://www.moist-diane.jp/

コールマン
https://www.coleman.co.jp

株式会社ジェイケイブイ・ジャパン
http://jkv.co.jp/index.html

アイリスオーヤマ
https://www.irisohyama.co.jp/

コーセー マルホ ファーマ株式会社
https://carte-beauty.com/

健栄製薬株式会社
https://www.kenei-pharm.com/baby-waserin-m/

SHIRO
https://shiro-shiro.jp/

ユニ・チャーム株式会社
https://www.unicharm.co.jp

株式会社エトヴォス
https://etvos.com

株式会社永谷園
https://www.nagatanien.co.jp/

兵庫県手延素麺協同組合
https://www.ibonoito.or.jp

フンドーキン醤油
https://www.fundokin.co.jp

森永製菓株式会社
https://www.morinaga.co.jp/hotcake/

株式会社うさぎもち
https://www.usagimochi.co.jp

Misa

整理収納アドバイザー、防災士。
夫と中1、小5の息子と犬1匹と暮らす。大阪府北部地震をきっかけに防災に目覚める。暮らしになじむ備えの情報を発信中。著書に『おしゃれ防災アイデア帖』（山と溪谷社）ほか。

Instagram　@kurashi_bosai　@ruutu73
Voicy　https://voicy.jp/channel/2331
HP　https://www.kurashiiro.com

ブックデザイン　遠矢良一（アームチェアトラベル）
編集・構成　本城さつき
撮影　安部まゆみ　Misa（カバー上写真、P29,39,55）
編集担当　井上留美子

安心して在宅避難するための
おうち防災アイデア

2025年2月10日　第1刷発行

発行人　鈴木善行
発行所　株式会社オレンジページ
〒108-8357　東京都港区三田1-4-28　三田国際ビル
電話　03-3456-6672（ご意見ダイヤル）
048-812-8755（書店専用ダイヤル）

印刷・製本　株式会社光邦
Printed in Japan

ISBN978-4-86593-702-2